I0673625

Failed Life
Pahatnik and Amaranth

Dmitry Grigorovich

Неудавшаяся жизнь
Пахатник и бархатник

Дмитрий В. Григорович

Failed Life ; Pahatnik and Amaranth

Copyright © 2018 by Indo-European Publishing
All rights reserved.

ISNB: 978-1-60444-902-0

Неудавшаяся жизнь . Пахатник и бархатник

© Индоевропейских Издание , 2018

ISNB: 978-1-60444-902-0

НЕУДАВШАЯСЯ ЖИЗНЬ

I

ПОКУПАТЕЛЬ

Недалеко от Сенной площади, на Екатерининском канале, существует с незапамятных времен лавочка, которая невольно обращает на себя внимание наблюдателя. Она в самом деле не лишена оригинальности. Расположенная в огромном доме, под старыми воротами, - лавочка эта с первого разу бросается в глаза. Наружность ее облеплена справа и слева, снизу и сверху пестрыми рядами лубочных картинок и книжонок, прикрепленных на бечевках раздвоенными колышками и щепками. Владетель этих сокровищ - старичок лет семидесяти. Его знают все окрестные обыватели. Лицо его, скомканное, как вымокший пергамент, длинные седые волосы, тронутые кое-где желтизной, сгорбленная, сухая фигурка и серые слезливые глазки, мутно выглядывающие поверх круглых оловянных очков,- все это могло бы служить художнику отличной моделью для колдуна или алхимика средних веков. Особенно хорош был старик, когда он целиком появлялся у темного входа ворот, причем свет падал на него прямо сверху. Это случалось очень часто. То вызывал его "Еруслан Лазаревич", которого ветер перегибал изнанкой кверху и грозил сбросить в лужу, то приводилось прикрикнуть на зевак, неотступно толкавшихся у входа и заслонявших часто свет божий. Нечего и говорить, что последних было более, чем покупателей. Ни на одной выставке, может статься, не толпилось столько народу. Иначе, впрочем, и быть не могло.

Идет ли "служба", перед ним подвиги "Русских с Кабардинцами", или картина, изображающая воина на коне: под копытом лошади, слева, копошатся, в страшных судорогах, изрубленные, безголовые турки, справа непоколебимо вытягиваются строи русских войск, над которыми, однако ж, патриот-художник не много трудился: мазнул суриком - вышли воротники, мазнул синькой - мундиры; мазнул сажей с клеем - сапожки, и т. д.

- Эй, тетка, - говорит солдат, указывая проходящей курносой бабе на "Чертову мельницу",- погляди-ка, как вашего брата, старух беззубых, черт с лекарем в молоденьких перемолачивают!..

1

И бабу забирает любопытство, и она останавливается. Грамотей-лабазник также не прошмыгнет мимо, не перечитав вслух "занятных" похождений "Ваньки Каина, Кондрашки Булавина" или "новейшего, полнейшего оракула". Тащится ли ватага каменщиков, поравнявшись с лавочкой, они тотчас же рассыпаются: кто таращит глаза на мужиков "Долбилу и Гвоздилу, побивающих французов", кто на приключения "Носа и Сильного мороза..." Долго стоят они в каком-то оцепенении, и разве когда товарищ прочтет им вслух несколько поучительных изречений из тут же вывешенных книжонок: "Вред от пьянства" или "Убегай кабака", решаются они променять лавку на соседнюю распивочную.

Но часто не одни лубочные изделия украшают вход знаменитой лавочки. Иногда, посреди их ослепительной пестроты, попадается строгая античная головка или этюд с натуры, писанный тружеником-художником, или, наконец, древний итальянский эстамп с картины великого мастера, занесенный бог весть каким случаем, между "Погребением кота" и портретом "Кизляра-аги"...

После знойного июльского дня, часу в седьмом вечера, толпа любопытных замуравливала, по своему обыкновению, вход в лавочку, к совершенному отчаянию хозяина, который сидел внутри и, вероятно, должен был задыхаться от жары. На этот раз всеобщее внимание было обращено к купчику, гнусливо читавшему во всеуслышание похождения "Великого шута и плута, Совесдрала большого носа"... Почти в то же время молодой человек, очень бедно одетый, - на нем было серенькое, твиновое пальто и порыжевшая шляпа,- остановился в нескольких шагах от толпы. Еще издали, когда лавочка, с облипавшими ее картинками, представлялась общим пятном, ярко блистающим на конце, он жадно всматривался в ту сторону. Прекрасное, но бледное и несколько истомленное лицо молодого человека озарилось радостною улыбкой, когда он остановился.

- Ну, слава богу, еще не продан!..-произнес он вполголоса, нетерпеливо устремляя глаза на темный, желтоватый эстамп, покрытый по краям зазубринами, но все-таки отличавшийся от блестящих соседей своих, как лилия посреди крапивы.

Эстамп изображал одну из последних мадонн Рафаэля. Молодой человек отошел несколько в сторону, повернулся лицом к Екатерининскому каналу, вынул из кармана жиденький кошелек и принялся считать деньги. Но вид целкового, двугривенного и гривенника, оказавшихся в кошельке, по-видимому, не очень его обрадовал. Взглянув еще раз на скудную сумму, он уже приготовился было всыпать ее назад, но в эту минуту глаза его "случайно" встретили эстамп, и он снова остановился в нерешимости. Наконец, он перешел улицу и присоединился к толпе, окружавшей гнусливого купчика.

"Что ж, - шепнул он себе под нос, - сахару у меня покуда еще довольно... Чаю станет также... Сегодня уж пятнадцатое число,- жалованье через две недели... Что ж касается до булочника, - он не может не верить в долг - давно ли я заплатил ему? А наконец, что за беда, если и не поверит... Не в первый раз,- э!.."

Тут он махнул рукой с такой решимостью, как будто дело шло о жизни или смерти, смело протискался до входа лавочки и остановился перед мадонной.

- Здравствуйте, батюшка, здравствуйте, - произнес хриплый голос в лавочке и вслед за тем на пороге показалась сгорбленная, съежившаяся фигура старика. - Здравствуйте, батюшка, - продолжал он, обращая мутные зрачки свои на молодого человека,- я чай опять пришли на эстампик поглядеть... Что ж, купите, коли понравился, важная штучка!..- присовокупил он, проводя костлявою, изрытою ладонью по нежным, плавным очертаниям эстампа,- я дешево с тебя возьму, купите!..

- Дядя, а дядя, что стоит? - неожиданно перебил дюжий, плечистый солдат, суя ему под нос огромный лист, изображающий "Обжору".

- Пятак!

- Э!- уж и пятак!.. копейку бери...

- Пошли вы, пострелы, прочь!- зашумел старик, поворачиваясь спиной к служивому и обращаясь с сердцем к толпе босых мальчишек в затрапезных халатах, напиравших чуть не в самую лавочку, - вот я вас! ишь повадились... ну, чего уставились, окаянные...

Этим временем молодой человек проворно отвел глаза от эстампа и, остановив их на грубой копии с Орловского, сделал вид, как будто рассматривал ее с величайшим вниманием.

- Что ж, "барин", купите эстампик-то, - снова пристал хозяин.

- Нет, что мне в нем, - отозвался покупатель, презрительно кивая в ту сторону,- старье!.. Скажи-ка лучше, что возьмешь за эту тройку, она будет почище того... К тому же у меня уже есть такой... Эх, старик, старик, сам не знаешь цены своему товару!- прибавил он, стараясь придать насмешливое выражение своему голосу.

Старик недоверчиво покосился.

- А что дадите!- вымолвил он, - троечка славная... ишь кони-то залихватские какие... ишь... а я бы, право, дешево взял; да уж так и быть, эстампик-то заодно возьмите, парочка славная будет!

- Пожалуй, я бы и его взял, - отвечал как бы нехотя покупатель, - да ты последний раз заломил за него целковый... а что в нем? сам посмотри, точно тряпка!

- Меньше целкового нельзя взять, сами видите, какая работа... Вот за "Долбилу" возьму, пожалуй, гривенник, зато разнота будет... меньше нельзя.

3

- Азбука есть? - спросил вдруг мужик, просовывая рыжую бороду.

- Есть, ступай сюда.

Старик и борода нырнули в лавочку.

Молодой человек взглянул еще раз на мадонну, сжал рукой кошелек и с грустною решимостью направился к Кокушкину мосту. Но не сделал он и двадцати шагов, как опять остановился, вынул кошелек и снова принялся считать деньги. Пересмотрев и перевернув каждую монету, то копьем, то решеткой, он, наконец, круто повернул к лавочке и нетерпеливыми шагами подошел к старичку, только что отпустившему азбуку.

- Ну, так и быть, - сказал он шутливо, - что станешь с тобой делать, давай эстамп!.. Не тронь, не тронь,- крикнул он, высвобождая мадонну из жестких рук старика,- я сам сверну. На, возьми, вот тебе целковый...

Сказав это, молодой человек ухватился за эстамп, свернул его в трубочку и выбрался на улицу, чуть не прыгая от радости, но со всем тем тщательно обходя прохожих, как будто он нес в карманах хрустальную или фарфоровую посуду. Удовольствие проглядывало во всех его движениях: то шаг его ускорялся, он чуть не бежал, подвергаясь попасть под ноги лошадям или запутаться в постромках, то внезапно останавливался, брал сверток в обе руки, но, не находя, вероятно, возможности развернуть его, не пропускал, однако ж, случая заглянуть в отверстие. Он похож был на молоденького гимназиста, получившего первый хороший аттестат: не довольный тем, что будет чем похвастать перед семьей, домашними, даже старой няней и людьми, - он готов показать его всем и каждому на улице, целому Петербургу, воображая в простоте души, что каждый должен непременно принимать участие в его гордости. На Измайловском мосту молодой человек встретил нищенку и, в порыве необдуманного великодушия, свойственного радостному чувству, отдал ей "целый" гривенник. Миновав мост, он пошел направо по набережной Фонтанки и, не доходя до Египетского или Цепного моста, свернул в узенький переулок, предшествующий Коломне. По мере того, однако ж, как он удалялся от шумных улиц, юношеские порывы восторга, блиставшие в его светлых глазах, отражавшиеся так чистосердечно на чистом, бледном лице его, заметно стали охлаждаться. Их постоянно сменяла тихая задумчивость, согласовавшаяся, впрочем, как нельзя лучше с печальными, пустынными переулками, составляющими предместье "Новых мест", которые, в свою очередь, составляют почти предместье Петербурга. Чувство одиночества и неотвязчивой грусти, ощущаемое посреди этих пустырей, действительно в состоянии усмирить какое угодно воображение, привести в порядок и сосредоточить самые растрепанные мысли. Но, взяв в соображение уверенность, с какой молодой человек огибал заборы и закоулки, - место, казалось, было ему

4

слишком знакомо, чтобы могло действовать своею внешностью на его расположение; а между тем, чем далее подвигался он, тем заметнее обнаруживал и признаки грусти.

Печальное ли воспоминание детства так некстати проскользнуло в голове молодого человека, набрели ли случайно мысли его на какой-нибудь суровый, неотразимый факт действительной жизни, который хотя и вчуже совершился, но, тем не менее, тяжело ложится на душу человека, еще юного и впечатлительного, полного огня и поэзии, смотрящего на все сквозь розовую призму, такую же чистую и светлую, как собственная душа его; или же, наконец, внезапно овладело им чувство неопределенной, но тревожной тоски, чувство, похожее на предчувствие, когда сам не знаешь, отчего вдруг сжимается болезненно сердце и плакать хочется, - но, во всяком случае, уже трудно было узнать в нем того юношу, который за час какой-нибудь скакал и прыгал как дитя по поводу купленного им старого ободранного эстампа. Таким образом вышел он к Обводному каналу. Тут место стало еще пустыннее. Достигнув самой возвышенной точки берега, молодой человек снял шляпу, сел на траву и, положив голову на ладони, принялся глядеть на Петербург, который с этого места виднелся на всем своем протяжении.

Жаркое летнее солнце медленно опускалось за город. Отдаленные здания, тонувшие в огненном, золотистом облаке пыли, постепенно окутывались голубоватым туманом. Местами, длинные, фиолетовые пятна неопределенного очертания скользили над кровлями, то суживаясь, то расширяясь и захватывая каждый раз на пути своем башню или церковь, которые вдруг четко обозначались тогда на пламенеющем небе. Слева, в отдаленном горизонте, показывался, словно дымкой окутанный, профиль Исаакия, и только на круглом его куполе играли и дробились последние лучи заходящего солнца. Впереди, где сидел молодой человек, ближайшие заборы окончательно стемнели. Огромное кирпичное здание завода, с высокою своею трубой, похожей на египетский обелиск, отделялось уже как черное пятно на серовато-прозрачном тоне. Стук экипажей сливался в какой-то общий ослабевающий гул, напоминающий отдаленный шум плотины, в которой постепенно, один за одним, запирают шлюзы.

Молодой человек не отрывал глаз от города. Но великолепная картина, расстилавшаяся перед ним, вместо того, чтобы его рассеять, казалось, еще сильнее, еще сознательнее развила раздумье, овладевшее им на дороге. Взглянув на белокурую, кудрявую голову молодого человека, с трудом верилось, однако ж, чтобы вид великолепной столицы успел уже так рано пробуждать в нем грустные мысли. Казалось, ничего еще общего не могло быть между ними, кроме беспечного веселья, развлечений и тысячи увлекательных соблазнов, щедро рассыпанных в каждом большом

5

городе для человека молодого, неопытного. Ему особенно все бы должно было покуда улыбаться. Он был молод, хорош собой, много ума и мыслей отражалось на чистом, выгнутом лбу его, в глазах так много еще блистало жизни, одушевления... А между тем он неподвижно сидел, уперши локти в колена, и с безотрадным, горьким выражением смотрел на город. Преданный весь какой-то неотвязчивой мысли, он забыл даже о существовании драгоценной покупки; эстамп валялся подле на траве; он не глядел на него, хотя теперь можно было, не опасаясь карет и толпы, любоваться им вдоволь.

Уже стало смеркаться, когда он покинул свое место. Машинально поднял он сверток, взглянул еще раз на город, покрытый свинцовою тенью, судорожно провел ладонью по бледному лицу и быстрыми шагами направился к дому. Вскоре из-за заборов показались высокие кирпичные дома "Новых мест", - отдаленной части города, избираемой не всегда без причины любителями строить "капитальные" здания. Молодой человек вступил на двор одного из таких домов. В то время, как проходил он к заднему углу, из окна, расположенного в верхнем этаже того же угла, выглянуло кругленькое женское личико и черные быстрые глазки устремились на молодого человека, который, в свою очередь, достигнув середины двора, также глянул украдкой в ту сторону. Но личико в ту же минуту скрылось за занавеской. Такие проделки повторялись неоднократно, и всякий раз одинаково удачно со стороны женщины, пока, наконец, предмет такого настойчивого любопытства не исчез окончательно на лестнице.

II

ПОД КРОВЛЕЙ

Квартира Андреева (так звали молодого человека) состояла из небольшой, продолговатой комнаты об одном окне, выходившем на известный уже двор. Двойная дверь, обитая снутри и снаружи грубой клеенкой, отворялась прямо на лестницу, - обстоятельство, которым всегда как-то дорожат молодые люди, осужденные проживать в конурках "с отоплением и прислугой", отдаваемых обыкновенно жильцами. Ничего не могло быть беднее этого жилища; но это далеко не была, однако ж, та безалаберная, грязная, отталкивающая бедность, какую часто встречаешь в подобных уголках. Общее с ними заключалось разве в недостатке света.

Между краем кровли и противоположной стеной дома оставалась лишь тоненькая полоска неба. В сумерки с трудом уже можно было различать в заднем углу, за ширмами, диван, служивший постелью, и ночной столик. Но чистота и порядок, отражавшиеся всюду, придавали все-таки комнате вид веселый и уютный. Прежде всего бросался в глаза ветхий письменный стол, на котором молодой жилец сосредоточил, казалось, всю свою роскошь. Тут помещались самые красивые книжки; голубая стеклянная вазочка для перьев и костлявая гипсовая анатомия, со вздернутой кверху рукой, возвышались на ящике стародавнего фасона из карельской березы, - подарок, или, вернее, наследие какой-нибудь провинциальной прабабушки. Над ними висело несколько древних эстампов, тщательно наклеенных на папку; подле гипсовая маска Венеры, освещенная сбоку, четко вырезывалась на темной, закопченной стене. Стол был покрыт тетрадками и бумагами, испещренными головками, фигурками, а иногда и целыми эскизами, ловко набросанными карандашом. По всему видно было, что стол этот любили и холили, что тут-то преимущественно занимались и работали. Полуразвалившиеся кресла, обтянутые красноватой набивной байкой, показывавшей местами мочалку, примыкали к столу. Далее, вправо, лепился кривой комод с прорехами вместо замочных скважин; на нем чайник, стаканы, тарелки, прикрытые толстым деревенским полотенцем. Тут же на гвоздиках висела старая шинель и две-три принадлежности гардероба, закутанные разодранной простыней. Три разнокалиберные стула довершали мебель. Но комнату более всего оживляли этюды с известных античных голов и фигуры, рисованные с натуры итальянским карандашом. Все три стены были усеяны ими; на каждом из этих рисунков, прикрепленных мякотью или воском, виднелся еще внизу красный нумер, свидетельствовавший о их академическом происхождении.

Когда Андреев вошел в комнату, там уже было совершенно темно. Не дав даже времени снять шляпу, он подбежал к окну и, притаившись за простенок, посмотрел к соседям. Нужно заметить, что окно его, вместе с окном, где была занавеска и откуда показалась женская головка, составляли угол дома, так что легко было, и особенно вечером, при внутреннем освещении комнат, наблюдать из одной квартиры в другую. Не желая, вероятно, чтобы знали его дома, и, разумеется, не подозревая, сколько такая предосторожность была уже лишней, он тщательно занавесил окно свое старым одеялом. Убедясь хорошенько, что не будет просвету, Андреев зажег свечку, уселся в кресло, вынул из бокового ящика лист бумаги и начал писать:

"Вот ровно две недели, как я каждый день, каждую минуту собираюсь писать тебе, сестра. Мне грустно, бог знает, как грустно! а отчего,- сам не знаю. Не потому ли, кажется, что было прежде слишком легко и весело?

Никогда еще чувства и мысли мои не находились в таком тревожном состоянии, как все это время. То представляются мне с раздирающею ясностью печальные наши обстоятельства,- я падаю духом и прихожу в отчаяние; то, сам не знаю почему, поддаюсь сильнее, чем когда-нибудь, вопреки всякому здравому рассудку, самым обольстительным надеждам, - и на душе делается вдруг весело, как десятилетнему школьнику. Я вижу, однако ж, всю несообразность оставить службу. Как это сделать, когда все вы нуждаетесь в этих несчастных ста рублях, которые уделяю я из годичного жалованья? Я понимаю, как нельзя лучше, что, не имея никаких залогов в будущем, не зная даже и наверное, есть ли во мне талант (ты, сестра, право, кажется, судишь пристрастно), страшно было бы решиться на такое дело даже и тогда, если б не связывали меня наши домашние обстоятельства. Согласись сама, чем стал бы я жить те три или четыре года, которые необходимы мне, чтобы добросовестно заняться своим предметом: учиться и работать? Кто возьмется обеспечить меня на это время хотя куском хлеба? Кому какая нужда до меня? Кто поверит на слово, что я не употреблю во зло доверия и в самом деле готов неутомимо трудиться? Учиться и в то же время зарабатывать хлеб, - я сам не хочу. Я разделяю твое мнение. Правда, такая жизнь способна только охлаждать человека к труду задушевному. Примеров, к несчастью, много. Но со всем тем, поверишь ли, сестра, все-таки недостает сил примириться с горькой судьбой. Внутренний голос говорит мне, что из меня могло бы что-нибудь выйти... На днях случай свел меня в первый раз с несколькими учениками нашей академии. Мне привелось обедать на Васильевском острову за общим столом, куда они обыкновенно сходятся. Они возвращались из этюдного класса; с ними была работа. Сказать тебе не могу, как все это показалось мне слабо и бесцветно; главное то, что в их работах не видно ни малейшей любви к искусству; все кой-как писано и рисовано, как будто нехотя, по долгу или заказу. А между тем все эти молодые люди (их было четверо) поставлены в то положение, за которое я бог весть чем бы готов был пожертвовать! Кроме этого, самое их общество пришлось мне как-то не по сердцу. Если б не Борисов и Петровский,- два художника, которых мне показали на прошедшей выставке,- я, вероятно, никогда бы не вернулся обедать на Остров. Помнишь, с каким восторгом описывал я тебе картину "Агарь в пустыне", - это работа того самого Петровского. По отрывчатым слухам о нем на выставке, меня влекло уже к нему, как я писал тебе, сильное сочувствие. Это в полном смысле то, что называют: художник. Впрочем, я встретил его всего один раз у Юргенс (хозяйки общего стола). Он и товарищ его, Борисов, кажется, даже вовсе меня не заметили. Представить себе не можешь, как благодетельно подействовала на меня эта встреча. Я никогда еще не чувствовал такой сильной потребности приняться за живопись. Сам не знаю отчего, но вид талантливого художника или артиста всегда как-то увлекает меня; он возбуждает как будто горячее соревнование; невольно уважаешь тогда искусство и веруешь в него. Я пришел домой, чертил эскиз за эскизом, и не сомкнул глаз во всю ночь. До сих пор еще не совсем отрезвился, и не далее как сегодня, вероятно, под тем же влиянием, не мог устоять, чтобы не купить эстампа с мадонны Рафаэля. После этого я был два раза у Юргенс, думая снова встретить Петровского, но оба раза одинаково безуспешно. Я узнал, однако ж, что он часто там бывает, и на этом основании завтра, в воскресенье, снова отправлюсь туда попытать счастье, авось приведется его увидеть. Ах, сестра, сестра, как грустно быть бедняком! Я бы, кажется, вынес безропотно свое состояние, если б только оно не мешало мне идти по дороге, которую избрало мое сердце. Если нет у меня дарования, я бы, кажется, все равно, трудом и любовью взял то, что так легко дается таланту; я уверен, что труд добросовестный никогда не пропадает даром. Но довольно об этом. Надеюсь, что на этот раз я много говорил о себе и ты останешься довольна, хотя покуда не сказал тебе ничего утешительного. Но что ж делать! не могу писать тебе иначе, когда мне грустно, - сам не знаю, как это делается. Говорят, будто в веселые минуты становишься эгоистом; но так как это чувство не может иметь места между нами, я считаю заключение несправедливым, точно так же, как и то, что дружба и привязанность охлаждаются в разлуке, - последнее, думаю, еще несправедливее. Когда я сижу, как теперь, один в своей комнате и вспоминаю нашу прежнюю жизнь, сердце мое невольно наполняется неизъяснимою любовью ко всему прошедшему. Я даже забываю все дурное в этом прошедшем и, право, многое бы отдал, чтобы прожить хоть один день по-старому. Я кляну свое равнодушие, не постигаю, как можно было просиживать с тобой по целым вечерам, не обняв тебя ни разу, не высказав тебе все то, что хотелось бы сказать теперь. Поверишь ли, сестра, я даже с любовью вспоминаю иногда пустынные переулки нашего уездного городка, наш ветхий домик подле оврага, мне мил каждый камень в этом овраге, каждый куст; я часто думаю, как могло статься, что я не засиживался по целым часам на берегу нашей чудной реки? Разумеется, я не отделяю тебя ни от одного из этих воспоминаний, сестра моя; я даже думаю, что люблю их потому, что они связываются так тесно с тобой. Но, несмотря на все это, я все-таки хочу побранить тебя. Скажи, пожалуйста, как могла прийти в твою чудесную, умную голову мысль прислать мне денег!.. Неужели ты думаешь, что я скрыл бы, если б в самом деле в них нуждался? Я бы хотел только, чтоб ты видела (впрочем, можешь судить по рисунку, присланному прошлого года), какая у меня славная комната, как много в ней всего и даже сколько лишнего. Вы все почему-то предубеждены в провинции против дороговизны петербургской жизни, между тем как здесь все дешевле, чем у вас: причина ясная - производства больше и покупателей больше. Помилуй, сестра, знаешь ли, что у меня теперь целых пятьдесят рублей в кошельке! Уверяю тебя, что я ни в чем не нуждаюсь; лучшим доказательством служит покупка эстампа, о котором я тебе говорил. Чтобы прислать мне эти пять целковых, ты, вероятно, просидела несколько дней за работой, и это меня очень огорчает. Ради бога, не делай этого вперед. Если тебе непременно хочется прислать мне что-нибудь, так уж лучше пришли еще платков. У меня, как и прежде, на них какое-то особенное несчастье. Уж чего, кажется: и берегу, и карманы ощупываю, - а кончается всегда тем, что затеряю. Ты меня очень обрадовала, сообщив, что крестный отец отозвался обо мне отцу и матери с хорошей стороны. Главное в том, что такие похвалы набрасывают на тебя, на мою воспитательницу, выгодный свет в их глазах. Сестрам, я думаю, это, однако ж, не очень приятно... впрочем, может ли их радовать все, что лично до них не касается? Но что нам до них, пусть себе дуются сколько угодно, это не помешает нам любить друг друга по-прежнему, - не так ли?.. Ах, кстати, о крестном отце: нельзя ли, ради бога, устроить как-нибудь, чтобы отец и мать не надоедали ему беспрестанно просьбами и расспросами обо мне. Он то и дело попрекает меня этим. Прощай, пиши как можно скорее, обнимаю тебя крепко, крепко; прощай еще раз..."

Письмо это заметно рассеяло Андреева. Хотя оно ровно ничего не изменяло из настоящих его обстоятельств, однако ж,- как это часто бывает, - тяжелая тоска, давившая сердце молодого человека, мгновенно исчезла. Он даже как будто снова повеселел. Письмо было уже запечатано, и Андреев писал слова адреса, как вдруг за стеной кто-то постучался и вслед за тем послышался басистый голос хозяина квартиры.

- Григорий Петрович, будете пить чай? - скоро восемь часов, - пора!
- Да, да, - крикнул Андреев, быстро подскакнув на своем кресле; но почти в ту же минуту спохватился. Он вспомнил, что на дне кошелька оставалось только всего тридцать копеек; что если он соблазнится и будет пить чай, завтра не на что станет обедать у Юргенс и надо будет отказаться от встречи с Петровским. Сообразить такие доводы и счеты было не трудно. Андреев бросился к стенке, откуда раздался стук, и тут же объявил хозяину, что не чувствует сильного голода, ибо только что напился чаю у "одного знакомого".

После того он спрятал письмо и принялся ходить по комнате. В одну из тех минут, как он приближался к столу, глаза его случайно упали на эстамп. Лицо его снова просияло. Не прошло и пяти минут, как уже Андреев сидел с карандашом перед гравюрой и чертил что-то на бумаге. В комнате стало тихо. Пламя свечки, прикрытое бумажным колпаком собственного изделия, обливало ослепительным блеском часть стола и худощавые руки молодого человека; лицо его оставалось в тени, но желтоватый, горячий отблеск бумаги, над которой оно склонялось, позволял различать оживленные черты его. Остальная часть комнаты была в полумраке, и только вздрагивавший круг света на потолке набрасывал на ближайшие предметы прозрачные, бледные пятна.

Андреев был так занят своей работой, что не заметил, как дверь, которую забыл запереть второпях, отворилась, и в комнату вошла молоденькая женщина. Вытянув вперед голову, на которую был наброшен клетчатый темный платок, и приложив палец к губам, она долго не решалась тронуться вперед; уверившись таким образом, что не подозревают ее присутствия, она осторожно заперла дверь и, слегка подобрав платье, тихонько, как котенок, пробирающийся к мышке, прокралась к самому креслу.

Андреев продолжал так же усердно рубить карандашом справа и слева. Молодая женщина с невыразимою легкостью перегнулась через спинку и тихо склонила свою голову над работой Андреева.

Кругленькое ее личико, освещенное сполна пламенем свечки, выглядывающим поверх колпака, представляло самую подвижную, оживленную физиономию.

Вздернутый носик, тоненькие, черные как смоль, брови и красные, смеющиеся губки, сквозь которые сверкал ряд белых, крошечных зубов, - придавали ей что-то лукавое, беспечное и бойкое. Черные глаза, бегавшие в одно время по всему столу, не пропускали ни одного движения молодого человека. Соскучась, вероятно, одним холодным наблюдением, она вдруг перевернулась всем телом через кресло, прильнула губами к его уху, вскрикнула и, откинувшись в ту же секунду на середину комнаты, принялась хохотать и хлопать в ладоши.

- Боже мой, - произнес Андреев, оправившись от испуга и вскакивая с места, - помилуй, Катя, что тебе за охота шалить!.. Э! право, какая... ну, смотри, что я теперь стану делать?.. я испортил из-за тебя рисунок, - прибавил он, не скрывая своей досады.

Катя упала на стул и залилась звонче прежнего.

- Вечно вздор затеваешь!- продолжал Андреев, бросая с сердцем карандаш на стол и попав прямо в чернильницу.

Но тут хохот Кати дошел до того, что Андреев должен был броситься к ней и обхватить ее руками, чтобы она не упала на пол. Катя быстро, однако ж, вывернулась и, став на ноги, принялась прыгать и дергать его то с одной, то с другой стороны за платье.

- Да перестань же, сделай милость, - говорил Андреев, поворачиваясь на одном месте, - что скажут соседи?.. подумают, что здесь какие-нибудь сумасшедшие...

11

Но, вместо ответа, Катя приняла трагическую позу и запела тоненьким голосом слова известного куплета:

Окончив курс моей науки,
Завел я сумасшедший дом,
Тра-ла - ла - ла - ла!..

- Тьфу ты пропасть, что говори ей, что не говори, все одно...
- Бррр...- перебила Катя, неожиданно проводя ладонью по губам Андреева. - Да что вы, в самом деле, раскричались? тсс!- прибавила она, внезапно останавливаясь и топнув ножкой.
- Я вовсе не кричу, - сказал Андреев, понижая голос и разглаживая волосы,- да только, право...
- Что такое?.. вот еще новости, я не смею смеяться перед ним!.. Да вы бы должны радоваться, что я пришла... А он смеет еще дуться - скажите, пожалуйста!- присовокупила она, хмуря брови.
- Я вовсе не дуюсь... я рад тебя видеть...
- В самом деле? - сказала она, перегнув набок голову и насмешливо суживая глазки, - а кто занавесил окно? Скажите, господа, это он хотел меня видеть!.. славно, Григорий Петрович, прекрасно, нечего сказать!.. А кто сказал мне, что придет в шесть часов?.. где вы были, позвольте вас спросить!..
- Я ходил гулять...
Андреев замялся.
- Знаю, знаю, - перебила Катя, внезапно переменив интонацию, - знаю, вы всегда ходите гулять, и только когда я прошу вас пойти со мной, говорите, что вам надо работать.- Тут она принялась его передразнивать, но уж видно было, что сердца было более, чем шутки.
- Знаю, все знаю, - продолжала она, - вам стыдно со мной ходить по улицам...
- Вот еще вздор выдумала, - произнес Андреев, смягчая более и более голос, - как тебе не стыдно говорить такие пустяки, ты, право, сегодня, как сумасшедшая!
- Да, да, я сумасшедшая, - воскликнула она обиженным тоном,- я это также знаю... пожалуйста, оставьте меня, - сухо сказала она, отталкивая его руку, которая протягивалась к ее руке, - не нужно мне ваших ласк... совсем не нужно!..
- Полно же, - вымолвил Андреев, стараясь принять веселую наружность, - ведь ты, чего доброго, вздумаешь рассердиться не на шутку, - глупо, право, глупо.
- Вот славно! он станет делать разные штуки, а я не смей и слова

сказать; да, всегда скажу: вы для меня никогда ничего не делаете, никогда никакого удовольствия, никогда, никогда! тебе все равно...

- Выслушай же наконец хоть раз; ну, скажи, пожалуйста, из чего ты все это затеваешь, ну, из чего?.. Катя, ты знаешь, откуда возьму я денег? У меня гроша теперь нет!..

- А это откуда? - радостно воскликнула Катя, схватив со стола эстамп и махая им по воздуху

- Это... послушай...

- И слышать ничего не хочу, - закричала она, закрыв уши и мотая головой, - вы еще сегодня утром, когда я просила пойти в Александрийский театр, говорили, что у вас нет денег... Для меня у вас никогда ничего нет; вы скорее накупите всякой дряни, ваших глупых рисунков, отдадите нищенке какой-нибудь! Я знаю, вы любите больше ваше мерзкое рисование, чем меня! вы только говорите, что любите, но хорошо, теперь я ничему не верю, ничему, ничему; я вижу, что вы меня только обманываете, да! Вы думаете...- Катя повернулась к двери и, закрыв лицо руками, притворилась плачущей.

- Ну, опять начинается!- сказал Андреев, отходя в сторону и махнув рукой.

- Да, начинается, - живо подхватила Катя, подступая к Андрееву, - и всегда будет начинаться, вы сами виноваты. Я вам надоела, не правда ли?.. Работаю, работаю... (тут она снова принялась его передразнивать) а какая у вас работа? так только, вздор, пустой предлог; не нужно мне всех ваших хитростей, скажите лучше прямо: я надоела...

- Я вовсе этого не думаю, да и думать не хочу; ты сама знаешь... Я только не понимаю, как тебе не совестно капризничать.

- Хочу, хочу, хочу!..- перебила Катя, топая ногами и принимаясь не на шутку плакать.

Хотя Андреев знал по опыту, что лучшим средством прекратить сцену было сохранить равнодушие, не возражать и не обращать внимания, однако ж, мягкое его сердце не выдержало, теория его, как это обыкновенно водится в подобных случаях, ровно ни к чему не послужила. Он подошел к Кате и, нежно взяв ее за руки, принялся увещевать. Но Катя, как назло, ничего не хотела слушать; она не переставала плакать и отбивалась руками и ногами. Сам Андреев потерял, наконец, терпение. Он бросился в кресло и, повернувшись к ней спиной, углубился в рассматривание своего эстампа. Катя зарыдала еще громче прежнего.

- Я самая несчастная женщина и проклинаю тот день, в который встретила вас...- повторила она усиленно отчаянным голосом и в то же время косясь на кресло.

Андреев продолжал, молча, что-то скоблить на бумаге.

13

- Боже мой, за что мне такое несчастье? - продолжала Катя, - ничего не хочу теперь, все кончено, все брошу - все!..

Андреев не трогался с места. Мало-помалу он склонился к столу, карандаш снова очутился в руках его, и, почти незаметно, Андреев увлекся своей работой.

Так прошло, по крайней мере, добрых полтора часа. Рисунок уже приближался к концу, когда Андреев вспомнил сцену с Катей. Он поднял голову и быстро обернулся назад. Но там никого уже не было. Тишина мертвая царствовала в комнате, прерываемая лишь мерным постукиванием маятника за соседней стеной. Не доверяя своему слуху, Андреев снял со свечки колпак, бережно отодвинул кресло и, приподнявшись на цыпочки, взглянул за ширмы.

В полусвете, проникавшем за ширмы и ложившемся полосами на диван, он увидел Катю. Подогнув под себя разутые ножки свои и положив обе ладони под левую щеку, она спала сладким сном ребенка, заснувшего во время слез и горя. На пухленькой щеке виднелись еще следы крупной слезы, остановившейся в ямочке подбородка и сверкавшей там, как капля росы на дне розового листка. Покатость подушек, живописно перегнув ей шейку, усиленно выдвинула узенькое, беленькое плечико, полированное как мрамор и казавшееся еще белее посреди черных, смолистых волос, рассыпавшихся в беспорядке.

У Андреева отлегло сердце. Он потихонечку опустился на колена перед диваном, расправил ей волосы, пристально посмотрел ей в лицо и тихо склонил свою голову над пылающей щекой Кати. Так кончалась у них, впрочем, всякая ссора.

III

ПЕРВАЯ ЛЮБОВЬ

Андреев не был петербургским уроженцем. Детство и юность его прошли в глухом уездном городке одной из самых отдаленных наших губерний. Отец его, выслужившийся протоколист, в звании четырнадцатого класса, занимал в этом городке одно из самых ничтожных мест. Семейство старика было слишком многочисленно, слишком даже велико, принимая в соображение средства. Оно состояло из старухи-жены (дочери какого-то чиновника, отставленного из земского суда), трех дочерей, сына, и находилось постоянно в крайней бедности. Не входя ни в какие обстоятельства, не разбирая большую или меньшую способность старика-отца, можно отчасти объяснить безуспешность его стараний улучшить благосостояние семейства. К несчастью (так думал и видел отец Андреева), фразы: "обременен многочисленной семьей, дети маленькие, бедность одолела..." и другие в том же роде, приправляемые, как водится, пожиманием плеч, перевертыванием одного большого пальца руки вокруг другого и униженным опусканием глаз к земле, - теперь уже совершенно утратили кредит и с трудом пособляют добывать копейку. Нужны другие, более действительные меры. Век ушел вперед, - что ж прикажете делать? - на время пенять нечего!

Детство молодого Андреева, как каждый легко себе представит, было незавидно обставлено. Старуха-мать, все помыслы которой сосредоточивались на печении кулебяк с визигой и морковью; две сестры,- старые девы, немногим опередившие мать; несколько писцов и протоколистов - старых товарищей отца, да заседатель (аристократ этого круга) - вот и все. Нет сомнения, что бедный мальчик, сделавшись раз юношей, захлебнулся бы в этом омуте, если б не спасла его заблаговременно третья сестра, вернувшаяся к этому времени в дом родительский. Но, вероятно, и это не помогло бы, если б три года спустя, когда ему минуло девятнадцать лет, кто-то (и чуть ли не заседатель,- умная голова!) не надоумил отца отправить сына в Петербург, благо представлялся случай. Кто не желает своему детищу пользы?.. Но когда польза, приносимая детищу, может, вдобавок, обратиться и на родителей, - желание пользы делается еще убедительнее. Колебаться и раздумывать в таком случае - просто нелепость. Попав раз на эту мысль, отец Андреева, не медля ни минуты, написал крестному отцу Гриши, служившему в Петербурге, прося его снизойти к мольбам бедного семейства, "обремененного" скорбями и несчастиями, "угнетенного" и расстроенного. Спустя несколько времени, крестный отец отвечал, что, пожалуй, готов исполнить просьбу.

Разумеется, не много заботились о тоне, с каким был написан ответ. Главная забота состояла в том, чтобы не получить отказа. Гришу принялись снаряжать в дорогу. Настал день разлуки. Старики благословили сына, снабдили его общепринятыми наставлениями, смысл которых заключался, однако ж, в том, что он единственная надежда и подпора семейства, и проч., и проч. Старшие сестры в это время сунули ему мешок с лепешками и ватрушкой. Началось прощание. Все прошло как нельзя спокойнее, и только, когда бедный мальчик обнял в последний раз младшую сестру свою, громкие рыдания, вырвавшиеся внезапно у

15

обоих, прервали на минуту тишину дворика, посреди которого стояла дорожная тележка.

Приехав в Петербург, молодой человек остановился у крестного отца.

Как и всякому человеку, вышедшему из ничтожества, добившемуся, помощью разных лишений и трудов, до кой-какого состояния, крестному отцу тотчас же представилось, что тут метят, вероятно, более, чем на одно покровительство с его стороны. Два, три водевиля, виденные им случайно в Александрийском театре, подтвердили его предположение. В этих водевилях крестный отец и дядя играли всегда роль положительных благодетелей. Запутавшись не на шутку, чтобы вредная мысль господ водевилистов не запала как-нибудь в голову крестника или отца его, - он поспешил сообщить свои опасения жене. Та подтвердила их. Воображение у женщин еще горячее, нежели у мужчин.

На другой же день крестный отец принялся допытываться у крестника истины, объясняя ему в то же время обиняками о дороговизне столичной жизни, о неудобствах квартиры, о заботах и хлопотах, связывающихся с его приездом, - словом, дал ему понять, что держать у себя лишнего человека было бы для него крайне затруднительно. Андреев, заранее приходивший в отчаяние от мысли жить под одной и той же кровлей с крестным отцом и его женой (так сильно развилось к ним сочувствие молодого человека после первого беглого взгляда), услыша все это, чуть было не бросился на шею благодетелей. Это обстоятельство тотчас же вызвало приятные улыбки на лицах обоих супругов, и крестный отец начал искать ему место в своем ведомстве.

Первые дни, проведенные Андреевым в той самой комнате, где видел его читатель, промелькнули незаметно. Отсутствие семейной зависимости, о котором так горячо мечтает каждый юноша, как бы ни было хорошо в родном гнезде, свобода ходить и думать, не отдавая никому отчета, - все это занимало его. К тому же все окружающее было для него столько же ново, сколько самая жизнь. Бедное дитя скромного уездного городка, он восхищался безусловно всем, что только попадалось на глаза. Первое впечатление было так сильно, что он принял сначала решительное намерение перерисовать весь город, все здания, все памятники, не выключая даже статуй Летнего сада, перед которыми просиживал он целые часы в немом восторге. Восторженность молодого провинциала, как следовало ожидать, была непродолжительна. Мало-помалу он начал отрезвляться. Все вокруг него, одно за другим, принимало свою обыденную, холодную, несообщительную наружность. Нежное сердце юноши сжималось впервые от какого-то темного, неопределенного сознания своего сиротства посреди шумного, многолюдного города.

Но когда место, отыскиваемое крестным отцом, было найдено, и Андреев вступил в круг новых своих товарищей, разочарование окончательно наложило свою ледяную руку на пылающую, восторженную его голову. Как все молодые люди с горячим воображением, обманутые раз в своих ожиданиях, Андреев почувствовал вдруг тоску страшную. К этому, впрочем, немало способствовал его характер, в котором, несмотря на живость и жажду сообщительности, заключалась еще какая-то тонкая деликатность сердца, мешавшая ему скоро сближаться и заключать связи. Неохотное сближение это происходило частью, может статься, от дикости, от непривычки жить между чужими, частью также от новых товарищей, не возбуждавших в нем сочувствия.

И загрустил бедный Андреев. Никогда еще не чувствовал он себя столько одиноким. Возвращаясь в свою комнату, где отныне должна была заключаться жизнь его, он вспомнил с сожалением глухой городишко; ему казалось, что многое было там лучше, чем он прежде думал; тут только в первый раз понял он, как сильно любит сестру свою. Подавленный иногда грустью, он писал ей письмо за письмом, и в этом проходили у него дни за днями. Изредка, когда легче было на сердце, он брал карандаш и принимался чертить все, что приходило в голову. Рисование было с детства любимой мечтой, любимым занятием Андреева. Руководимый в последнее время младшей сестрой, прежний самоучка, чертивший мелом и углем на стенах и заборах улиц, - он уже ловко передавал свою мысль бумаге.

Но такие минуты увлечения часто приносили больше горя, чем радостей. Ему тотчас же припоминались слова одного из сослуживцев, которому он как-то нечаянно проговорился:

- Эге-ге!.. так вы, батюшка, художник, вот оно что-с!.. Что ж вы не поступили тогда в академию? Здесь, любезнейший, художество вот какое...

При чем сослуживец выразительно черкнул пером по бумаге и насмешливо подмигнул левым глазом.

- И в самом деле, - повторил Андреев, - к чему все это?.. Разве затем меня сюда прислали?..

И увлечение уже звучало в душе его упреком. Он начинал понимать свое назначение. Перед двадцатилетним юношей раскрывалась понемногу горькая, неотразимая действительность; сердце его обливалось смертельным холодом, глаза отуманивались слезой, и любимый карандаш падал из рук на неоконченный рисунок...

Уже два месяца, как Андреев живет в своей комнате под кровлей. Раз (это было летом), поздно вечером, сидел он у отворенного окна; ночь была чудесная, светлая, теплая, какие бывают иногда в Петербурге. Положив

17

голову в ладони, он глядел в раздумье на двор, рассеянно прислушиваясь к шуму засыпающего города. Легкий кашель, раздавшийся в нескольких шагах, заставил его приподнять глаза. Каково было удивление Андреева, когда он увидел в окне, составляющем, вместе с его окном, угол дома, фигуру женщины, повернувшуюся к нему лицом. Блеск светлого, звездного неба позволял различать ее черты. Она была очень молода, хороша собой и, казалось, глядела прямо на него своими темными глазами. Застигнутый врасплох, Андреев сделал невольное движение, чтобы откинуться назад, но молоденькая женщина предупредила его и еще быстрее скрылась за стеной.

Открытие хорошенькой женщины мигом рассеяло раздумье молодого человека. Как робкий и неопытный мальчик, стоял он с минуту в нерешительности, раздумывая очень серьезно, что ему делать. Любопытство взяло, однако ж, верх. Он осторожно выдвинулся за окно и бросил украдкой глаза к соседке. Соседка, появившаяся снова на прежнем своем месте и не ожидавшая, вероятно, такого упорного преследования, опять скрылась. "Уж не рассердилась ли она?.. Что я наделал?.." - подумал Андреев, отскочив в самый задний угол своей комнаты. "Но что ж это такое, в самом деле?.. Неужели по ее милости я должен простоять здесь целый вечер? вот славно! я также хочу сидеть у окна... Ах, какая она, однако ж, хорошенькая!.." Последнее заключил он, стоя уже за простенком подле окна. Соседка снова появилась; сначала она протянула обнаженную свою ручку, чтобы запереть окно, но тут же отложила намерение и, откинув концы темного платка на перекладину, положила на них круглые свои локти и продолжала глядеть на двор. Мало-помалу головка ее повернулась к стене Андреева; выражение веселости и тонкого лукавства промелькнуло на лице ее. Она вытянула вперед свою шейку, приподняла тоненькие свои брови и, суживая глазки, казалось, нетерпеливо искала чего-то на соседнем окне. Сердце Андреева никогда еще не билось так сильно. Он не отрывал глаз от хорошенькой женщины и простоял за своим простенком до тех пор, пока она, потеряв, вероятно, терпение, не захлопнула окна и не скрылась из виду. Тут он зажег свечку и стал расхаживать по комнате, удивляясь, как могло статься, чтоб он до сих пор не заметил присутствия хорошенькой женщины, жившей с ним почти стена об стену. Рассуждая таким образом, он не пропускал случая заглянуть к ней каждый раз, как проходил мимо окна. Внезапно у соседки мелькнул свет. Андреев бросился сломя голову к постели, сорвал одеяло, завесил им окно, задул свечку и, прильнув к скважине между рамой и одеялом, обратился весь в зрение. Он явственно различил тогда часть белой стены, комод, край постели и несколько юбок, висевших на гвоздике. Немного погодя высокая тень задрожала на потолке, и вдруг вся фигурка соседки целиком показалась на дне комнаты. Поставив свечку на комод, она неожиданно сбросила платок и, смотрясь, вероятно, в зеркало, приподняла плечи, окруженные плохо стянутой сорочкой. Вслед за тем, быстрым движением повернула она спину к свечке, перегнула назад голову и, положив руку на красные полоски, оставленные шнурками сорочки на спине и на плечах, принялась их разглаживать. Дыхание занялось в груди бедного Андреева; он прильнул всей силой к стеклу окна; но в эту самую минуту соседка скрылась и свет угас в ее комнате. Как провел Андреев эту ночь, предоставляю судить всякому, кто только был молод и случайно видел на сон грядущий подобное зрелище.

На другое утро, первым делом его было броситься к заветному окну; глаза его встретились прямо с глазами хорошенькой соседки. Она рассмеялась и, как белка, прыгнула в глубь комнаты. В это утро Андреев опоздал целой четвертью часа к должности, за что и получил нагоняй от крестного отца. Но ему уже нипочем были теперь нагоняи. Он думал только, как бы скорее прибежать домой и взглянуть на соседку. Вечером того же дня он был влюблен по уши. Он весь переселился мысленно в комнату к хорошенькой женщине; тысяча самых наивных планов и предположений бродили в голове его.

- Но кто же она, кто? - повторял он, расхаживая в волнении взад и вперед, из одного угла в другой.- Прекрасно, вот счастливая мысль!- воскликнул наконец юноша, - спрошу у жены моего хозяина, она верно знает!

Привести в исполнение такую мысль было нетрудно. Он постучался в стену и, назвав по имени хозяйку, попросил ее войти.

Варвара Гавриловна, жирная, грязная тихвинская мещанка, глупая до бесконечности, проводившая день-деньской рыская по кухням и девичьим и наполнявшая их своими жалобами на мужа, с которым жила не в ладах, не замедлила явиться. Она не прочь также была выпить в трудные минуты жизни и чувствовала (если только что-нибудь чувствовала) сильное расположение к жильцу, у которого всегда находила способ выманивать пятачки и гривеннички. Зная подноготную историю каждого семейства в доме, она очень легко могла удовлетворить любопытство молодого человека. В нескольких словах она сообщила ему, что подле жил старик, выгнанный за пьянство из питейной конторы, что у него была старая кухарка и дочь; что кухарка, баба вострая и "пронзительная", вот уже седьмой год, как держит хозяина в ежовых рукавицах. Он боится ее пуще огня и шагу не смеет ступить без ее ведома. Дочь, по словам Варвары Гавриловны, терпит страшный загон. Ей житья нетути. Нередко приходилось ей ночевать у соседей или проводить целые дни у знакомых. Варвара Гавриловна привела разные случаи из частной

19

жизни соседей, - между прочим, как Катя (так звали девушку) прибежала раз к ней ночью вся избитая и истерзанная. Она рассказала много других примеров, но и этого было довольно Андрееву. Воображение его, управляемое добрым, впечатлительным сердцем, уже рисовало перед ним страшные картины, перед которыми, кажется, в самом Ловласе должны бы были пробудиться человеческие чувства.

В двадцать лет, когда сердце уже почти созрело и рвется впервые навстречу женщине, ничто не возбуждает такого горячего сочувствия, как женщина тихая, обиженная, загнанная, несчастная. Робкий и неопытный юноша боится всегда как огня женщин, свободных и смелых: такая женщина, по его мнению, никогда не может любить - ему непременно нужна жертва. Плаксивые барышни, сиротки, угнетенные гувернантки, - вот идеалы почти каждого неиспорченного, чистого двадцатилетнего молодого человека. Тут, по крайней мере, чувство его не будет отвергнуто; его примут с благодарностью. Роль покровителя подле угнетенной кажется ему во сто раз лучше роли счастливого любовника. Так, по крайней мере, думал и чувствовал Андреев.

В несколько дней рассказ Варвары Гавриловны принял самые широкие размеры в голове его. Каждый крик или шум за стеной казался уже ему воплем несчастной Кати. Он бросался к окну и чаще всего встречал веселое, улыбающееся личико девушки. Но это обстоятельство, вместо того, чтобы успокоить, казалось, еще сильнее возмущало его сердце. Он не понимал, как могла она смеяться и быть веселой посреди такой жизни. Согласно роману, созданному его фантазией, он хотел, чтобы она являлась перед ним не иначе, как в слезах, с признаками отчаяния на лице. Веселый вид придавал Кате, в глазах Андреева, холодность, равнодушие, бесчувственность... Но, несмотря на то, с каждым днем он сильнее и сильнее привязывался к мысли любить Катю и мало-помалу начинал любить ее не на шутку. Время проходило недаром. Оба они достигли уже того периода, когда, не сказав еще ни слова, понимали друг друга как нельзя лучше. Более или менее сильное движение занавески, свечка, поставленная ниже или выше - говорили им лучше всякой речи. Когда она долго не возвращалась домой, Андреев занавешивал окно и не показывался целый вечер. Эти отлучки приводили его в истинное отчаяние. Полный весь своим романом, он уже воображал Катю, доведенную до крайности обращением пронзительной кухарки и искавшую убежища в чужом доме; он видел, как она рассказывала свое горе, как брали ее за руку... Сердце Андреева кипело ревностью. Как всем влюбленным, ему казалось, что он один мог спасти Катю, что всякий другой должен был непременно обмануть и погубить ее, что всюду подвергалась она неминуемой опасности, что в нем одном заключалась способность любить горячо, с преданностью и самоотвержением. И думал он все это искренно, забывая, что сам искал и требовал от Кати того, чего так боялся со стороны других... Но таковы все влюбленные! С некоторых пор, однако ж, Катя заметно реже стала отлучаться из дому. Наступила осень, полились дожди, и Катя, к совершенному восхищению Андреева, не покидала уже окна. Они виделись каждый час, каждую минуту. Недоставало им только встретиться и подать друг другу руки. Вскоре случай представился.

Однажды, возвращаясь из служебного места, Андреев столкнулся под темными воротами дома с Катей, которая шла гулять, а может статься, попросту ожидала его. Встреча была так неожиданна, что страстные монологи, приготовленные Андреевым на случай первого свидания, рассеялись как зажженный порох. Язык решительно не повиновался ему. Простояв с минуту перед ней в какой-то мучительной лихорадке, он наконец приподнял дрожащей рукой шляпу и поклонился. Катя засмеялась, посмотрела ему в лицо и выбежала на улицу. Андреев проклял свою глупость и решился прибегнуть к письму, которое было уже давным-давно приготовлено. Но как доставить его? Каким способом?

Мысль обратиться к Варваре Гавриловне развязала все трудности. Он собрал всю свою мелочь, позвал хозяйку и, объяснив ей в чем дело, отдал письмо. Варвара Гавриловна охотно взяла послание и, выразив на отекшем лице своем глупую улыбку, не лишенную тупого лукавства, положила деньги в карман и обещалась сегодня же доставить ответ. Но прошли три мучительные дня, которые не принесли ничего нового в жизни двух соседей. Он видел Катю каждую минуту, видел, как она показывала ему письмо его, подавала какие-то знаки, ждал каждую минуту ответа, а ответа все-таки не было. Щепетильный, обидчивый, как все влюбленные, Андреев подумал, что Катя над ним потешается. Он занавесил окно и, скрепя сердце, решился не подходить к нему, пока не получит ответа. Дело было в таком положении, когда раз, вернувшись домой, он заметил странную перемену в своей комнате. Все вокруг сияло необыкновенной чистотой и порядком. Бумаги и книги были тщательно и симметрически разложены; даже на рабочем столе, к которому строго было запрещено прикасаться хозяину, виднелись следы чьей-то руки, заметно постаравшейся придать всему кокетливый вид. Андреев постучался в стенку и позвал Варвару Гавриловну. Вошла хозяйка.

- Скажите, пожалуйста, что это значит?..- спросил он, оглядывая с недоумением комнату.

Варвара Гавриловна сделала несколько шагов вперед и, нагнувшись к жильцу, произнесла с таинственностью: "Катерина Андреевна приходила без вас!.."

21

- Как, что вы говорите? - воскликнул Андреев.- Быть не может!..

- А что с ней станешь делать? - отвечала самодовольно хозяйка, - пришла об утро ко мне: дай, говорит, Гавриловна, ключ, хочу посмотреть, как живет твой жилец...- Что вы, говорю, барышня!- Ничего, говорит, он не рассердится. - Ну, взяла это она, батюшка, ключ, а я за ней... Уж чего только она здесь не делала; ни одной книжки не оставила в покое, до всего вишь ей дело. Что вы, говорю, барышня? Ничего, говорит, я теперь ему приберу все к месту. Уж трудилась это она, трудилась, инда изнемоглась сердечная... Я, говорит, и завтра приду, и послезавтра, не говори только ему, смотри, Гавриловна... Я стояла так-то у окна. Катерина Андреевна, говорю, барин идет! Она шмыг ко мне, дождалась, пока вы постучались в стенку,- да давай бог ноги, уж такая-то бедовая... Я чай, сидит теперь дома, да сюда поглядывает.

Андреев бросился как сумасшедший к окну, и глаза его прямо встретили Катю, которая, увидев его, захлопала в ладоши и, ухватившись за бока, принялась хохотать и выделывать какие-то па. На другой день Андреев не пошел на службу. В девять часов он стоял уже под воротами и караулил минуту, когда Катя пробежит через двор на его лестницу. Это не замедлило случиться. Простояв несколько минут в нерешительности, Андреев собрал, наконец, всю свою бодрость, взлетел на лестницу, отворил дверь и вошел в комнату.

Катя сидела преспокойно в креслах и, положив ножки на соседний стул, рассматривала какие-то картинки. Заслыша стук двери, она быстро приподняла голову, и, увидя Андреева, немножко смутилась. Но смущение было непродолжительно. Почти в ту же секунду она оправилась, спустила на пол ножки, весело подошла к нему и сказала довольно бойко:

- Вы не сердитесь, что я пришла к вам в гости?..

В тот же вечер оба сидели на одном и том же кресле и говорили друг другу "ты". Андреев, не веря еще своему счастью, казался несколько задумчив. Катя, напротив того, была весела, как птичка весной. Она скакала, смеялась и прыгала по комнате. Она была как дома; с Андреевым обходилась как со старым другом. Она поминутно вытаскивала его на середину комнаты, тормошила его во все стороны, поворачивала его на одном месте, смеясь и глядя ему в глаза, проводила ладонью по лицу его, и путала ему волосы, и не давала ни минуты опомниться.

С этого вечера Андреев и Катя виделись каждый день. Преданный весь своей любви, Андреев забыл в первое время все свои горести, все воспоминания; забыл и уездный город, и настоящее, и прошедшее. Так прошло несколько месяцев. Но в это время многое успело уже измениться, если не в сердце, то, по крайней мере, в головах обоих молодых людей.

Андреев ясно увидел, что роман, сотканный им вокруг Кати, нисколько не соответствовал героине в действительности. Катя его фантазии являлась окруженная ореолом страдалицы, существом глубоко страждущим, тогда как Катя настоящая была веселая, беспечная, ветреная девушка, для которой страдания не существовали, а горе (если только и приходило) рассеивалось как нельзя лучше прогулкой на Крестовском, особенно когда много было народу, трескотни, шуму и давки. Веселье было также необходимо ей, как вода для рыбы. Это была ее сфера. Внутренний мир со всеми его душевными волнениями и скорбями, с приливами и отливами тоски и радостей, был для нее решительно недоступен. Когда печальные обстоятельства Андреева подступали ему к сердцу и он задумывался, Катя переставала также быть веселой, но это вовсе не потому, что она разделяла его горе, - ей просто становилось скучно, - он не забавлял ее, не занимал, не бегал с ней. Добрая по натуре, но не получившая никакого воспитания и развития, закаленная с детства среди грубой жизни и дурных примеров, - в ней не было той тонкой деликатности, тех возвращений к нежности, которые заставляют прощать любимой женщине самые резкие, охлаждающие выходки. Ей было скучно, она начинала дразнить Андреева; если это не помогало - она бежала искать развлечений к старым своим приятельницам, и все это нимало не подозревая, сколько должна была она огорчать Андреева, и боже упаси, если он обнаруживал, особенно не шутя, свое неудовольствие. Сценам конца тогда не было; и редко обходилось без слез, сопровождаемых самыми жестокими упреками. Тут забывалось, что Андреев просидел тридцать ночей сряду, переписывая бумаги, чтобы заработать ей шляпку, что он голодал целую неделю и питался, бедный, одним ячменным кофе, чтобы свести ее в театр, и многое еще другое. А между тем она любила Андреева. Стоило только показаться веселой улыбке на лице его - и грозу уносило, как вихрем. Она снова являлась тогда беспечной, резвой, любящею; она бросалась к нему на шею, осыпала его самыми нежными именами и готова была на все жертвы, чтобы только как можно долее продлилось веселье.

Впрочем, вне этих маленьких сцен, кончавшихся большею частью всегда миролюбиво и приносивших даже больше сердечных радостей, чем ровная и тихая страсть, - они были до сих пор очень счастливы. Голова Андреева только охладела немного; что ж касается до сердца, оно еще полно было огня и щедро тратило все свои сокровища навстречу первой женщине, приветливо ему улыбнувшейся. Он любил, как любят в первый раз, когда все помыслы о женщине, все женщины вообще, соединяются покуда в одной.

IV

У ЮРГЕНС

На другой день после того, как Андреев написал сестре письмо, сообщенное читателю во второй главе, часу в первом пополудни он стал готовиться в путь. По случаю воскресения службы не было. Он мог, следовательно, располагать целым днем. Программа этого дня, ожидаемого с нетерпением, была уже давным-давно обдумана: в два часа он будет обедать за общим столом у госпожи Юргенс, наслушается вволю рассказов о художниках, мастерских, картинах; встретится снова, может статься, с Петровским. Затем, часа в четыре, отправится на острова; толпа будет страшная; но он пройдет мимо, заберется в самую глухую чащу Елагина и прорисует там с натуры вплоть до вечера.

Андреев заранее потирал руки. Запрятав на самое дно кармана оставшуюся мелочь, сунув под мышку тетрадь с этюдами, он нетерпеливо спустился с лестницы и вышел на улицу. День был чудесный: на небе ни облачка, все вокруг дышало весельем и чем-то праздничным, соответствовавшим как нельзя лучше расположению самого Андреева.

Не мешает воспользоваться дорогой Андреева, чтобы сказать несколько слов об общем столе госпожи Юргенс, который играл в то время большую роль на Васильевском острове. Сюда собирался преимущественно весь тогдашний круг молодых художников. Ни знаменитый Гейде, - Дюссо или Сен-Жорж Васильевского острова, - ни множество других трактиров и кухмистеров, рассеянных в изобилии по линиям, не в состоянии были отвлечь привычных посетителей Каролины Карловны Юргенс. Стол ее, говоря по совести, нельзя, однако ж, было назвать отличным. Картофель, ветчина и луковый суп - главные основы его - приправлялись, по немецкому обычаю, так немилосердно перцем и всякими другими пряностями, что у посетителей по целым часам болел язык и щипало горло; но, со всем тем, подлежит сильному сомнению, чтобы в блестящих кафе Петербурга ели с таким хорошим аппетитом, чтобы царствовало там когда-нибудь столько распашного, непринужденного веселья. Общество Каролины Карловны, несмотря на свои однородные стихии, представляло все-таки в целом сборище самых разнохарактерных образчиков и типов.

Тут были и истинные художники - люди с талантом, сосредоточившие сознательно всю свою жизнь, все помыслы в любимом выше всего искусстве, благородные, неутомимые труженики, с любовью жертвовавшие ему всеми сокровищами своего мозга и сердца; были и такие, которым искусство представлялось выгодным и в то же время не очень тяжелым ремеслом; попадались наконец (и это чаще всего) восторженные ребята, с длинными, вскосмаченными гривами, широкополыми шляпами, одетые с умышленной, разительною небрежностью, которым улыбнулось искусство потому только, что здесь предстояло широкое поле разгула и безнаказанно давался повод восторгаться всем, чем угодно. Кроме этого, появлялись иногда и сторонние лица. Там, где собираются художники, как бы ни была ничтожна их степень, уж непременно следуют, по чутью какому-то, словно мелкорыбица за акулой, так называемые "любители", не столько художеств, разумеется, сколько общества художников. Это неизбежно. Любители эти большей частью люди молодые, вертлявые, жиденькие, заискивающие; иногда добрые, разгульные ребята и неглупые; но чаще нестерпимо скучные и надоедающие насмерть. Но никому не было особенной нужды определять тогда эти подразделения, да никто об этом и не думал. Общий колорит молодости сглаживал частные различия, и всем было одинаково хорошо и привольно у г-жи Юргенс.

В три часа, столовая была обыкновенно полнешенька. Стук вилок, ножей, тарелок, покрываемый попеременно шумными возгласами и неистовым хохотом, слышались чуть ли не с одного проспекта до другого. Летом, Каролина Карловна, сорокалетняя вдова, с бельмом на левом глазу, с добродушной улыбочкой и рыжими пуклями, боязливо глядевшими из-под вздрагивающего чепчика, переезжала на "дачу", т. е. переставляла столы и стулья из столовой на маленький дворик, примыкавший непосредственно к ее кухне. Дворик, обнесенный с других трех сторон дырявыми барачными досками и тщательно усыпанный песком, отражал ту же чистоту и опрятность, какими отличалось все заведение. По середине его возвышалась тощая рябина; несмотря на свои чахлые ветви, прокопченные насквозь дымом, деревцо это доставляло неизъяснимое утешение посетителям. Получасом раньше приходили, чтобы только завладеть местом под его тенью, и, уж, конечно, тощей этой рябине привелось слышать на веку своем более тостов в честь Италии и Рима, чем слышал их самый Рим. Обедать на этом дворике - считалось верхом благополучия. Когда Каролина объявляла в первый раз, что с завтрашнего дня стол накроют на "даче", радостные восклицания неслись отовсюду, и страшный, оглушительный тост в честь хозяйки дома потрясал стены, кухню и все здание до фундамента. На другой день она и сама уже не радовалась своей выдумке. И в самом деле, весне ли рады, свежему ли воздуху, но только гости шумели еще более, тосты повторялись еще чаще, хохот раздавался звонче, курили немилосерднее; так курили, что проезжающий по Неве, взглянув в ту сторону, мог легко принять столб дыма над кровлей немки за дым парохода, готовящегося к отплытию по Малой Невке. И несмотря на всю бедность такой обстановки, посетители общего стола были тогда счастливы, и как еще счастливы! Многие, вероятно, и теперь вспоминают о нем с сожалением...

Тут-то беззаботно промелькнули лучшие, золотые минуты многих из нас! Эти серенькие, закопченные комнаты, этот дворчк с его тощей рябиной составляли для очень многих чуть ли не единственный теплый угол, какого они уже потом нигде не встречали. Здесь, по крайней мере, часто с истинным, непритворным, ненатянутым увлечением говорили об искусстве, возникали жаркие литературные споры; здесь восторженно встречалась всякая счастливая мысль собрата художника; никто не стыдился своих восторгов, никто не смеялся над ними. Каждый почти верил тогда, что пылкая, страстная восприимчивость души, что эти восторги - лучшее, драгоценнейшее сокровище юности. И что ж мудреного? Сюда стекалась по большей части молодежь, сосредоточившая богатый запас своих сил и способностей на одну благородную цель - любовь к искусству и дружно, рука в руку, с ребяческою беспечностью взбиравшаяся по скользкой крутизне художества, сама еще не ведая, что ожидало ее впереди!..

Итак, каждый день часу во втором, когда рука уставала упираться на муштабль[1], когда натурщик или, как говорится, "натура" начинала покрякивать и просила, чтобы отпустили ее подкрепить силы в погребок или харчевню, - большая часть художников укладывали палитру и краски, покидали академию и шумною ватагой отправлялись к доброй немке.

Было уже два часа, когда Андреев вошел к Каролине Карловне. Он снял пальто, положил на стул тетрадь, прикрыл шляпой и вступил на маленький дворик, потопленный голубоватой тенью, бросаемой кухней. Посетителей было очень мало. В числе их Андреев увидел двух художников, Вахрушева и Сидоренку, с которыми уже встречался оба раза, как обедал у Юргенс.

Вахрушев был малый лет двадцати пяти, красивой, но утомленной наружности, с глазами навыкате, похожими на глаза из фарфора, какие делаются на фабрике Корнилова для гостинодворских кукол; белокурые, безобразно длинные волосы его были тщательно прилизаны и подогнуты снизу, наподобие театральных париков времен рыцарства. Реденькие, волнистые усики, закругленные кверху, и эспаньолка напоминали несколько портрет Вандика. (Несчастное это сходство было единственной

---

[1] Длинная палочка, посредством которой художники поддерживают руку во время работы.

26

причиной, заставившей Вахрушева переменить звание чиновника, к которому обнаруживал он сыздетства большие склонности, на звание художника, хотя к последнему не было у него ни малейшего призвания.) На нем был широкий плащ, подбитый черным бархатом, конец которого закидывал он на спину, но так искусно, однако ж, что весь бархат оставался на виду. Широкая серая шляпа и бархат на плаще довершали сходство Вахрушева с Вандиком, и потому он никогда не являлся в другом костюме. Наружность Сидоренки показывала, что он также бил на эффект, но только иными средствами. Коренастый, приземистый хохол, с раздавленной, рябой физиономией, раздутыми ноздрями, двумя пучочками щетины под носом - он видимо старался соблюсти гармонию наружности с туалетом. "Чтоб сейчас можно было сказать: это художник!" - такова была задача Сидоренки. Разодранный, покрытый пухом картуз, холстяное пальто, выпачканное красками, встрепанные волосы, раскрытая напереди рубашка, - все это, по понятиям Сидоренки, достигало, как нельзя лучше, предположенной цели.

Оба они сидели под рябиной, в стороне от других, за круглым столом, сделанным в виде гриба, и курили трубки. Перед ними лежали в беспорядке остатки обеда, между которыми возвышались две бутылки портеру. Когда вошел Андреев, художники обернулись в его сторону и поклонились. Ответив тем же, Андреев спросил себе прибор и сел подле за другим столом.

- Фу, жара какая, смерть!- произнес Сидоренко, обращая красное лицо свое, имевшее в эту минуту большое сходство с крошеной свеклой, сначала ко всей компании, потом к Андрееву, который утирал лоб и щеки.

- Да, градусов двадцать будет, - отвечал кто-то из сидевших поодаль.

- Какое, верных тридцать!- воскликнул Вахрушев, выпустив длинную струю дыма. - Уж на что, кажется, люблю я жаркий климат, а сегодня работать не мог, даже натура не выдержала; у меня стоял Тарас: отпустите, говорит, силушки нет стоять! Впрочем, я ему и позу закатил, нечего сказать!- прибавил он, смеясь и самодовольно покручивая усы.

- Ну что, Вахрушев, что поделывает твой Прометей? - спросил высокий художник, похожий на цаплю и сидевший за другим столом.

- Разумеется, не подвигается, - недовольно отвечал Вахрушев, - да черта ли что-нибудь сделаешь! Зимой писать нельзя - света нет, все выходит серо и тускло, стынет всякое воображение; лето придет - задыхаешься от духоты и пыли... Нет, господа, тысячу раз нет! Достигнув известной степени, наш брат может жить только в Италии. Заготовил здесь эскизы, набросал мысли,- да скорее в Рим, во Флоренцию!.. Я, право, не понимаю, как делает этот Петровский,- черт его знает!

- Что ж тут мудреного? Эк хватил - Петровский! Петровский!-

возразил, отдуваясь, Сидоренко.- Дай любому из нас немецкое терпение, которое, между прочим, называют они любовью к искусству, - прибавил он, смеясь, - и мы то же самое сделаем!

- Ну, нет, брат, одного терпения мало,- заметил долговязый художник, - чтобы написать такую программу, как Петровский, нужен талант, да еще какой!..

- Конечно, Петровский талант, первоклассный талант!- крикнул кто-то.

- Эх, господа! Да кто ж это опровергает? - горячо перебил Сидоренко. - Я говорю только: нужно терпение... Пусть каждый из нас станет сиднем сидеть перед одной и той же холстиной, да "отконопачивать" каждый пальчик, каждый волосок, разумеется, к концу года выйдет оконченная картина,- да что ж из этого? Что в них, в этих картинах, если говорить по совести? Возьмем хоть "Агарь в пустыне" Петровского. Рисунок, композиция, все это прекрасно, то есть то, что именно дается высиживанием, но зато живописи нет, нет размаха, все это не "широко", не "сочно", не "планисто", как должно быть у самобытного таланта,- везде проступает отделочка, да "лесировочка" - словно у последнего немца! Нет, поверьте мне, все эти господа - сидни, а не самобытные, смелые таланты!- размаха нет!

- Помилуй, брат Сидоренко! Оконченности добивается всякий художник, в ней-то вся штука!- воскликнул снова долговязый художник.

- Ну, да кто ж тебе говорит, - отвечал Сидоренко, - я сам это знаю, но оконченность оконченности рознь...

- Конечно, оконченность оконченности рознь,- небрежно заметил Вахрушев.

- Уф, жара какая, - перебил Сидоренко, раздувая пену портера и поднося стакан к губам, - пьешь, пьешь, а все не утолишь жажды... Да скажи на милость, Вахрушев, точно ли придет сюда Чибезов? Кто тебе сказал?..

- Наверное, наверное придет!- воскликнуло несколько голосов, - мы сами пришли, чтоб с ним видеться.

- Когда он приехал?

- Третьего дня,- отвечал Вахрушев.-Чудесно, говорят, рассказывает про Италию.

- Да каким чертом занесло его туда? Господа, на свой счет поехал он, что ли?

- Нет, его брал с собой один из наших баричей, граф какой-то, не помню... а впрочем, сказывают, он привез оттуда отличную копию с Гвидо Рени.

- Не тот человек, - сказал Сидоренко, наливая стакан, - как же, станет он работать! Я думаю, он ровно ничего не делал,- кутил только!..

В это самое время, в кухне, двери которой были растворены на двор, послышался страшный шум:

- Каролина Карловна, голубушка!- кричал кто-то, - здравствуйте!.. ну что, как?.. да поцелуемтесь же!.. Матрена, здорово!.. ну что? Эх ты, полоротая дура,- аль не узнала?.. Каролина Карловна, душенька вы моя!..

- Вот он! Вот он!- закричали в один голос художники, вставая со своих мест.

Но не успели они сделать шагу вперед, как уж Чибезов, приплясывая и прищелкивая в воздухе пальцами, очутился Посреди двора. Увидя компанию, он остановился.

- А, черт их возьми! Ишь, черти, по-старому, все здесь!- произнес Чибезов.

Тут он ударил себя ладонями по коленам, подогнул ноги и залился дребезжащим смехом. Чибезов был человек среднего роста, с угловатой головой, острым носом, черными, короткими волосами, из которых торчали во все стороны вихры. На нем была парусинная блуза, с огромными костяными пуговицами, красный оборванный платок на шее и скомканная соломенная шляпа. Сначала он бросился к Вахрушеву, ухватил его за плечи, посмотрел ему в лицо, крикнул: "Вандик!" - и, растопырив руки, снова залился во все горло. Таким же точно порядком поздоровался он с Сидоренко, долговязым художником и всеми присутствующими, - обнимет, даст какую-нибудь особенную кличку, подогнет ноги и зальется смехом. Наконец, подошел он к Андрееву:

- И вы также наш, - произнес он, раскрывая объятия.

- Нет-с, я не художник, - отвечал Андреев, весело глядя ему в глаза.

- Ну, извините, не знал!.. Эй? Каролина, Каролина!..

- Садись, Чибезов, ступай сюда, здесь, здесь рассказывай!..- заговорили в одно время художники, хватая его за руки.

- Да ну, черти, чего обрадовались, стойте! Дайте дух перевести!- кричал Чибезов, опускаясь с явным удовольствием на руки то тому, то другому. - Эй, Каролина, Каролина! голубушка? - прибавил он, обращаясь к хозяйке, - а нет ли, по старой памяти, бутылочки того... хереску... помните? за Чибезовым дело не станет, вы его знаете!

Добрая немка, любившая привычных посетителей, как собственных детей, и обрадованная не на шутку возвращением Чибезова, поспешила исполнить его просьбу.

Тут Чибезов вырвался из рук товарищей, закричал во все горло: "Ур-р-ра!" - и бросился на стул. Вскоре вино было принесено, стаканы налиты, товарищи уселись вокруг Чибезова, и начались расспросы об Италии.

Андреев понял, что присутствие постороннего лица и даже целой аудитории не могло ни в каком случае смутить Чибезова; он поспешил присоединиться к кружку и слегка даже вмешался в разговор, чтобы придать рассказчику еще больше развязности.

- Э, господа, что говорить, - чудно!- восклицал поминутно Чибезов, обращаясь то к тому, то к другому, не выключая даже Андреева, которого уже мимоходом ударил раза два по плечу. - Представьте себе, братцы, небо, то есть чистейший кобальт! хоть бы на столько шифервейсу! (Чибезов положил на ноготь кусочек сургуча с пробки и пустил его по воздуху.) Мы ехали морем. В отдалении Неаполь... Мы все на палубе... Стоим, да просто плачем (он провел всей пятерней от глаз до подбородка) - черт знает, что делается, - не выдержать! А тут вдруг ветер с берега, просто фабрика духов, - весь воздух пахнет померанцами да лимонами; ведь там они круглый год в цвету, - чудо!.. А макароны-то, ребята, макароны! "Date un poco macaroni!"[2] - навалят тебе на грош целую миску... А лазарони-то, - э, э, э, э! Пиферари, черт их подери, да и только! Лежит себе голый, черт его возьми, на песке, поглядит на залив, опустит руку в море, побарахтает в воде, вынет какой-нибудь frutto di mare[3],- устрицу или раковину, съест тут же, да опять поглядит на залив,- знать никого не хочет!.. Везувий, импровизаторы, - все видел! Но поверите ли, все это решительно бесхвостого черта не стоит перед Римом! О, Roma!.. и особенно для нашего брата художника! Ватикан, Петр, фонтаны... Что ни шагнул - наступил на Рафаэля да Микеланджело, - ей-богу! А женщины-то, братцы, римлянки-то! Высокая, стройная, - куда ни глянешь - красавица; бери палитру, пиши, - и великий человек, коли напишешь! Я сколько раз смотрел на них у фонтана: рукой подберет до икры красную юбку (у всех красные юбки, - ей-богу!), - одна икра целой Флоры фарнезской стоит; - другой рукой поддерживает на голове длинный медный кувшин... волосы совсем синие, густые, подобранные пучком на затылке. (Чибезов стукнул себя ладонью по затылку.) Нагнется черпать воду - с ума спятишь: вода брызжет ей на обнаженные ноги, голая шея и грудь освещена ярким солнцем... не наши, братцы, цвета: везде лазурь, жженая земля, бакан, - ей-богу! (Чибезов махнул рукой и восторженно хлебнул хересу.) Ну, братцы, - продолжал он, крякнув, - какое я только пил там красненькое винцо, - объеденье! Меня все поил один англичанин, лихой парень! Мы с ним душа в душу жили, а ведь ни слова друг друга не понимали, ей-богу, право! Скажи ему "io!"[4], и он мне "io",- да и все тут.

---

[2] Дайте порцию макарон! (ит.).

[3] дары моря (ит.).

[4] да! (ит.).

Бывало, все вместе, живмя жили в казино или аустерии, то есть в трактире по-нашему!..

- Эка жизнь!.. а? - воскликнул Сидоренко, с восторгом потрясая головой. - Скажи, братец Чибезов, правда ли, что есть в Риме русский трактир, куда собираются...

- Ах, да, - торопливо перебил Вахрушев, - русский трактир; маленький живописный домик, заглохший, как гнездо, в винограднике, плюще и цветах?.. скажи, пожалуйста, так ли это?

- Ну, в виноградниках-то хоть он и не заглох, потому что, если б и был виноград, так наши ребята его давно бы вытоптали, а есть такой трактир - Лепри: мы туда-то и захаживали с англичанином.

- Вот жизнь, так жизнь, - сказал Вахрушев, вставая с места и принимаясь расхаживать нетерпеливо по двору, вместе с двумя-тремя другими товарищами, восторженно махавшими руками, - едем, брат Сидоренко, в Италию! Там только можно сделаться художником!

- Да, черт возьми!- закричал Сидоренко, - утром будем работать в мастерской... натурщица... римлянка... Заглянет какая-нибудь аристократка-путеше ственница, которая здесь и смотреть на тебя не хотела... ведь нашего брата художника любят в Италии,- это все говорят; там пойдем обедать к Лепри, ляжем под какой-нибудь виноградник. Эх, славно тогда помечтать о матушке-России... спросим себе у Лепри щей, каши... эх, эх!

Тут Сидоренко восторженно налил стакан, приставил его к левому глазу, поглядел на свет, поднес его к губам, залпом выпил и, ударив кулаком по столу, закричал во все горло:

- Р-р-р-усский, черт возьми!.. художник, черт его бери!..

- Ну, расходились... эк их!- проговорил Чибезов, надрываясь со смеху.- Да ну... к сатане... полно вам; расскажите-ка, что делается у нас, что нового в наших мастерских? Я еще нигде не был.

- И заходить, братец, не для чего,- презрительно сказал Вахрушев, садясь подле Чибезова, - что в наших мастерских: сушь страшная...

- Что ж они рассказывают? - возразил Чибезов, расправляя вихры на голове. - Говорят, будто программа Петровского, "Агарь в пустыне", за которую он получил первую золотую медаль,- чудо из чудес!.. что ж они толкуют?..

- Превосходная, превосходная картина!- крикнуло несколько голосов.

Вахрушев и Сидоренко подняли головы, как легавые собаки, заслышавшие выстрел.

- Ну вот, поди ж ты!- воскликнул первый.- Представь себе, брат Чибезов!- продолжал Вахрушев скороговоркой, - во-первых, маленькая картина, в полтора аршина всего-навсего (заметь себе, это они называют:

историческая картина!); во-вторых, тощая группа из двух фигур посреди гладкой пустыни, и все это "отконопачено", вылизано, вылощено... Ты знаешь манеру Петровского - немец! Ни "планов", ни "лепки"... Наконец сам сюжет говорит за себя: ну, что в нем? никакого интереса; да и расходиться негде, не предстоит даже возможности бросить яркое, сочное пятно света или тени...

- Все это так, - подал голос долговязый художник, - но каковы у него зато ракурсы, каков рисунок, каковы головы!

- Кто ж против этого!- запальчиво возразил Сидоренко. - Ему что говори, что не говори, все равно что арапа мыть, он все свое поет: рисунок! тебе говорят про живопись, про сюжет!

- Что касается до сюжета, совершенно согласен с Вахрушевым, - сказал какой-то маленький художник в синих очках, - я сам не понимаю, что за охота брать библейские сюжеты; это хорошо было в Италии, в четырнадцатом и тринадцатом веках, когда вся Италия, весь мир воодушевлен был религиозным чувством.

- Браво! Брависсимо!- воскликнул Чибезов. - Вот погодите-ка, дружки, я вам напишу картину, мысль богатая: "Падение Ниневии"; холстина в десять сажен, закачу фигур пятьсот... Что вы на это скажете... а? - произнес он, обращаясь неожиданно к Андрееву, который давно глядел на всех такими глазами, как будто хотел что-то сказать.

- Я с вами не совсем согласен, - решился наконец произнести Андреев, смущаясь и краснея.

- Как! В чем вы не согласны? - спросил удивленный Чибезов.

- Не столько с вами, сколько с этими господами, - продолжал Андреев, смущаясь еще более и указывая на Вахрушева и Сидоренко.

- Это любопытно, - пробормотали в одно время оба художника, придвигаясь и подмигивая остальной компании.

- Мне кажется, - начал Андреев не совсем твердым голосом, - вы несправедливо вооружаетесь против библейских сюжетов.

- А почему ж вы так думаете? - спросил иронически Сидоренко.

- Потому, - отвечал Андреев, тронутый на этот раз за живое, - что нет такого библейского сюжета, в котором бы не было поэтического лица и содержания; Рахиль, Ревекка, Агарь, Сара, патриархи... Где, в какой истории найдете вы образы, исполненные большей грации, любви и поэзии? Возьмите даже место действия, природу, посреди которой жили эти лица, костюм, наконец, - все изящно, живописно, и в высшей степени способствует для картины. Кроме этого, кажется, все эти лица так знакомы всем и каждому, так сильно к ним сочувствие, так сроднились мы с ними, что невольно радуешься, встречая их, изображенных на полотне, как будто встретил старых друзей, которых привык любить с детства...

- Все это прекрасно!- возразил удивленный Чибезов, - но, воля ваша, я все-таки не вижу тут места для картинного эффекта...

- Кроме того, - перебил Вахрушев,- в библейских сюжетах слишком много покоя: движения нет, ни малейшего движения...

- По-моему, в движении нет большой нужды, у всякого искусства есть свои пределы,- бойко возразил Андреев и вдруг остановился.

В самую эту минуту в дверях кухни показались Петровский и Борисов.

- А, Петровский!- произнес Чибезов, вставая и бросаясь к Петровскому, с меньшей, однако ж, восторженностью, чем к Вахрушеву и Сидоренко. - Как поживаете? Как рад вас видеть...

- И я также, - отвечал Петровский, сухо пожимая ему руку.- Когда вы приехали?

- Третьего дня... А, Борисов! Здравствуй!- продолжал Чибезов, обращаясь ко второму художнику, и на этот раз принялся душить его в своих объятиях.- Здорово! Ну, что, как тебя перевертывает?

- Хорошо, хорошо, голубчик!- отвечал Борисов, освобождаясь от тисков Чибезова. - Ну, рад тебя видеть, очень рад.

Он пожал еще раз руку Чибезову, суетливо раскланялся с остальными и присоединился к Петровскому, который уселся за особым столом.

Петровский был высокого роста, чрезвычайно строгой, но величавой и красивой наружности. Продолговатое лицо его было бледно, как мрамор. Черные, как смоль, сухие и кудрявые волосы, оттененные близ корня синей полосой, черные, глубокие глаза, тонувшие в голубоватом белке, и густые брови, слегка нахмуренные, придавали еще более белизны этому лицу, в котором все вообще было как-то смело, бойко, но правильно очерчено. Высокий лоб его был чист и покоен. И тогда как угловатые, резкие черты этого лица обозначали присутствие страшной энергии и душевной силы, крупные губы, приятно загнутые по углам, тотчас же примиряли с его строгой, задумчивой наружностью.

Товарищ его, Борисов, был крошечный, сухощавый человек, с кругленьким лицом и светлыми, смеющимися глазами. Редкие волосы, мягкие, как степной ковыль, просвечивали до темени. Ему было уже за тридцать лет. Но еще столько нежного, добродушного, детского проглядывало в этих чертах, что нельзя было не полюбить его сразу. Рассеянный до невероятности, он вечно суетился, бегал, искал чего-то; но никогда для себя, - всегда для других.

- Жаль, Петровский, вы немножко опоздали!- сказал Чибезов, когда уселись оба художника.

- А что? - спросил Петровский, как бы нехотя поворачивая голову.

- Да у нас тут был спор; вот они, - присовокупил Чибезов, указывая на Андреева, который побагровел до ушей и приподнялся, как бы желая уйти,- они утверждали...

- Нет, куда ж вы? Полноте,- перебил Сидоренко, удерживая Андреева, - погодите еще; во-первых, спор наш еще не окончен...

- Помилуйте, господа!- возразил Андреев, смеясь, но вместе с тем говоря таким тоном, который ясно показывал, что он не намерен продолжать разговор,- я вовсе не спорил с вами...

- Нет, но вызывали на спор, что почти одно и то же. Вы, кажется, отвергали движение в картине, - прибавил насмешливо Чибезов.

- Если вы непременно этого хотите, - спокойно отвечал Андреев, - я и теперь повторяю, что изображение сильных движений в картине не есть необходимость...

- Ну, ну, извольте, докажите это...- смеясь перебил Сидоренко.

- Да, сильные движения уже потому невыгодны в картине, - продолжал Андреев, - что, как бы ни было живо передано движение, воображение зрителя всегда будет в каком-то недовольном ожидании, всегда опередит и, следовательно, пересоздаст по-своему мысль художника... Мне кажется, - продолжал Андреев, робко взглянув на Петровского, который неожиданно повернулся к нему лицом и стал внимательно вслушиваться, - мне кажется, нельзя не согласиться, что, при виде бегущих, испуганных лиц в картине, воображению остается еще работа: невольно ждешь, когда и чем разрешится это движение. Кроме того, движение отвлекает часто внимание зрителя от истинных, более достойных красот художественного произведения...

- Прекрасно! Прекрасно!- воскликнул Борисов, внезапно бросаясь к Андрееву и пожимая ему руку.- Как, господа! Неужели вы спорите против этого? Они... (извините, пожалуйста, я не имею чести с вами быть знакомым, но это все равно) они совершенно справедливо заметили...

Тут Чибезов, Сидоренко и Вархушев лукаво подмигнули Петровскому, но тот вместо ответа сурово нахмурил брови и повернулся с участием к Андрееву.

- Сделайте милость, - подхватил Борисов, подбегая снова к Андрееву, - пожалуйста, продолжайте ваш спор... Отлично, отлично...

Взгляд Чибезова не ускользнул от Андреева; в другом случае, робость и непривычка к спорам заставили бы его снести подмигивание Чибезова и компании, но искреннее, добродушное заступничество Борисова и еще более участие Петровского в его пользу, придали ему духу. Он взрос на своих художественных убеждениях, веровал в них, и как молодой дебютант, сробевший при первом выходе, но поддержанный, смело обратился к Чибезову и сказал ему довольно резко:

- Вот вы, господин Чибезов, говорили, что хотите писать "Падение Ниневии", скажите, пожалуйста, что вам за охота?

- Отчего ж? - возразил Чибезов насмешливо,- что ж, разве это также недостойный сюжет для картины?..

Улыбка, пробежавшая по губам Петровского, и смеющиеся, прыгающие от удовольствия щеки Борисова придали Андрееву еще более бодрости.

- Я не говорю этого, - сказал он, - картина ваша может быть очень хороша в отношении исполнения,- да что ж из этого? Пожалеешь только время, употребленное на нее "даровитым" художником.

- Как! Почему? - спросил Чибезов, разглаживая вихры и хмуря лоб.

- Живопись, по-моему, такое трудное искусство, - усовершенствование в нем достигается только такими усилиями, что нельзя жертвовать им для изображения безусловно всего того, что видишь в природе на каждом шагу или вычитываешь из книг. Нет,- продолжал он, ободряемый более и более взглядами Петровского, - нет, предметом живописи должно служить изображение одной только идеальной, поэтической стороны природы - таких красот, перед которыми бы в восторге останавливался зритель, чувствуя себя побежденным силой высокого, творческого воображения художника. Какое было бы тогда превосходство художника над толпой, что бы он значил, если б мог только передавать в полотне то, что каждый легко в состоянии себе представить.

- Браво! Брависсимо!- кричал Борисов, суетясь вокруг Андреева и пожимая ему восторженно руки.

Петровский перестал есть и весь обратился в слух.

- Я сужу по собственным впечатлениям, - продолжал Андреев воодушевляясь, - я был много раз в Эрмитаже, и, признаюсь, на меня до сих пор ни одни картины не производили такого впечатления, как те, где изображен покой. Возьму, хоть для примера, "Мадонну д'Альба" Рафаэля; тут воображению, побежденному высокими красотами, ровно делать нечего,- стоишь в каком-то упоении, увлеченный весь идеалом форм, грацией... Тут в каждой головке, в каждом следке, в пейзаже даже, с его цветочками и облаками, виден великий поэт-художник, искавший везде и во всем одно идеально прекрасное!..

Борисов неистово хлопал в ладоши.

- Возьмите теперь пейзажную живопись или морскую (я все защищаю свою мысль против движения в живописи). Скажите сами, господа, что сильнее действует на вас: буря ли, бегущие валы и облака, или затишье в минуту чистого светлого утра, когда тихо светит месяц в синем, прозрачном небосклоне?.. Одна картина Айвазовского передаст лучше мою мысль, не знаю только, помните ли вы ее?.. Первый план изображает холодную полосу моря; вода не шелохнется. Солнце еще не показалось. Небо чисто и прозрачно; на нем ни облачка. Посреди моря плывет, едва качаясь, бочка; над бочкой медленно спускается какая-то темная морская птица, с длинными ногами, - и только! Чудо! Кажется, боишься дыханием возмутить спокойствие; стоишь и вполне наслаждаешься именно потому, что воображение совершенно довольно и ничего не ждет... Нет, господин Чибезов! Картины, изображающие груди обнаженных женщин с перламутровой кожей, перепутанные драгоценными тканями и жемчугами, облитые неестественными лучами света, похожими на бенгальский огонь, недостойны кисти, точно так же, как изображение фраков, шлемов, париков, огня и дыма... Что в них? Они не производят благодетельного впечатления, не доставляют того мирного, чистого, эстетического наслаждения, которое и составляет цель изящных искусств. Я, по крайней мере, всегда пройду мимо таких произведений и с любовью остановлюсь перед скромным пейзажем.

Андреев остановился. Все присутствующие встали одним движением и подошли к нему. Борисов бросился обнимать его. Петровский быстро приподнялся с своего места и протянул ему руку.

В эту самую минуту, огромная толпа художников, с криком и говором, ворвалась на дворик Каролины Карловны. На минуту все смешалось в общей суматохе. Когда Петровский и Борисов обернулись к Андрееву, его уже не было. Испугавшись минутного своего увлечения (Андреев, по многим причинам, должен был подавлять в себе такие вспышки), он воспользовался всеобщей сумятицей, кинулся в комнаты, подобрал пальто и рисовальную книжку, сброшенную толпой, расплатился с хозяйкой и, полный еще тревожного волнения, направился быстрыми шагами к Крестовскому острову.

V

ВСТРЕЧА

На Крестовском есть, или, по крайней мере, было в то время, одно чудесное место, - это оконечность острова, обращенная к Финскому заливу. Крестовский, начинающийся великолепным парком, покрытым мохнатыми, раскидистыми и тучными купами зелени, между которыми змеятся тоненькие желтые дорожки, мелькают светлые лужайки и маленькое озеро, - постепенно беднеет и суживается, приближаясь к морю. У моста, ведущего на Крестовский, парк почти прерывается; от него остается всего-навсего одна лишь дорожка, которая продолжает остров. Местами высокие кусты, идущие по обеим сторонам дорожки, составляют над ней темный свод и непроницаемую стену зелени, местами расходятся и позволяют различать - слева Малую Невку и противоположный берег, покрытый коренастыми соснами; справа - другой рукав Невы, за ним огороды и пустынное, кочковатое болото. Наконец, дорожка исчезает, сыреет, сглаживается с почвой и неожиданно кончается пучком вековых, серовато-синих елей. Тут собственно кончается остров, для обыкновенного гуляльщика; но гуляльщик любопытный, наблюдательный, не пропустит случая заглянуть за эти ели - и, право, хорошо сделает. За ними, непосредственно после маленького песчаного обрыва, исполосованного корнями, обмытыми вокруг водой, остается всего-навсего несколько аршин песка, образующего, в соприкосновении с водой, тысячу крошечных мысов и впадин. Впереди расстилается на неоглядное пространство серебристый залив. Слева берег давно уже кончается, и только справа, сквозь дымчатый, лиловый парк, сереет плоский берег Финляндии. Кругом царствует тишина невозмутимая; сюда уже не доходит шум заселенной части соседних островов.

Андреев давно знал это место. Группа столетних елей, брошенных на произвол судьбы, казалась ему всегда выгодным этюдом. Покинув Юргенс, он отправился прямо туда, согласно с планом, обдуманным еще поутру. Но, несмотря на то, что прошло довольно много времени с тех пор, как он покинул художников, он, по-видимому, не прикоснулся даже к рисовальной книге. Очиненный карандаш показывал острие свое между закрытыми листами книжки, лежавшей подле. Сам он сидел на песке и, прислонясь локтем, рассеянно глядел на море. В задумчивости его не было, однако ж, грусти. Он, казалось, с какой-то гордостью припоминал сцену у Юргенс. Горячая, восторженная голова его создавала самые великолепные планы. Счастливо настроенный встречей с Петровским, он уносился воображением в мир искусства; перед ним раскрывалась дружба Петровского, академия, а там, кто знает!- может быть, Италия!.. известность!.. Но вдруг, как бы испугавшись высоты, на которую занесло его воображение, он останавливался посреди воздушного полета, соображая расстояние от земли или действительности. Лицо его внезапно отуманивалось. Но, вообще, это продолжалось не долго; он подымал глаза и снова светлые мечты несли его в беспредельное пространство... А между тем приближался вечер. Солнце садилось. Залив и небо сливались в одно багровое, пылающее зарево, перерезанное искристой полосой горизонта, в которой висели паруса. В воздухе было так тихо, что можно было различать крики рыбаков с отдаленной тони, подымавшейся, помощью длинных свай своих, как журавль над поверхностью моря. Пробуждаемый чудной картиной, Андреев примирялся с действительностью. Отбросив мечты, он жадно вслушивался в тихий плеск воды, в едва внятный говор рыбаков, в отдаленные звуки колокола, мерно звучавшие с какой-то фабрики, и мало-помалу весь отдавался стройной, гармонии потухающего вечера.

Внезапно ему послышались шаги. Он проворно обернулся назад. Но каково было его удивление, когда он увидел над обрывом фигуры Петровского и Борисова.

- А, вот он, наш беглец! Вот он, - закричал Борисов, прыгнув с обрыва на песок.- Ах, голубчик вы мой, - продолжал он, торопливо подбегая к Андрееву,- куда это вы от нас скрылись? Уж я искал, искал... Ну, рад, рад, что встретил... А мы вот только что о вас говорили с Петровским; да скажите же, какими судьбами вы здесь очутились?..

- Я нарочно пришел сюда; я люблю это место,- отвечал Андреев, радостно пожимая ему руку.

- Как видно, мне с вами и в этом суждено сойтись, - весело сказал Петровский, протягивая ему руку, - три года тому назад я приходил сюда почти каждый день; я даже сделал несколько этюдов этих елей, - присовокупил он, протягивая руку к коренастым пням, охваченным последними лучами солнца и казавшимся в эту минуту как будто вылитыми из золота, - и вот теперь, по старой памяти, завернул сюда, и так кстати... Чудный вечер!- продолжал Петровский, сняв шляпу, проводя ладонью по волосам и обращаясь к морю,- чудный вечер! Нет!- заключил он, бросаясь на песок, - напрасно бранят нашу петербургскую природу... Как будто природа, самая скудная и бедная, не имеет своей прелести и поэзии, - блажен тот, кто умеет отыскать ее...

Слабый крик, раздавшийся в эту минуту подле, заставил его оглянуться в ту сторону.

- Превосходно! Отлично!- кричал Борисов, потрясая рисовальной книжкой Андреева, - я тебе говорил, Петровский, я тебе говорил! Это не могло быть иначе...

Андреев протянул было руку, но Борисов предупредил его, проворно подвернул листы книжки и показал Петровскому рисунок карандашом, изображавший опрокинутое дупло, перепутанное косматыми травами, несколько кустов позади и клочок бурного неба. У Андреева дрогнуло сердце.

- Очень, очень хорошо, - сказал наконец Петровский, отрывая глаза от рисунка и обращая их к Андрееву, у которого занималось дыхание.

- Я тебе говорил, я тебе говорил!- радостно повторял Борисов.

- Скажите, пожалуйста, где вы учились? - спросил Петровский с заметным любопытством.

- Нигде... то есть почти нигде,- отвечал Андреев полусмущенным, полувеселым голосом.

- Странно!- сказал Петровский, - в таком случае, поздравляю вас: ваш карандаш может смело поспорить с карандашом лучших наших молодых академиков.

- Это мне нравится!- горячо перебил Борисов, - а я скажу вам, что никто у нас из молодых художников не нарисует так с натуры, да-с! Скажу это хоть перед кем угодно, хоть в глаза скажу всем и каждому да-с!

Тут взял он с недовольным видом альбом из рук Петровского и снова принялся рассматривать рисунки.

- Но вы, по крайней мере, много работали? - продолжал спрашивать Петровский, не отрывая удивленных глаз от Андреева, который чуть не прыгал от радости.

- Да, я довольно много работал, - отвечал он, - особенно прежде... теперь мне почти нет времени...

Борисов поднял голову и нетерпеливо воткнул локти в песок.

- Как, нет времени? Чем вы занимаетесь?..

- Извините, нескромный вопрос, но мне не менее удивительно,- сказал Петровский,- я хотел бы знать, чем можете вы заниматься, кроме рисования, достигнув уже такой степени?..

- Я служу, - отвечал Андреев.

- Как!- вскричал Борисов, вскакивая со своего места, - э, голубчик, э! Бросайте весь мир и ступайте в академию!

- К несчастью, этого нельзя сделать, - возразил Андреев, подавляя вздох.

- Э! Полноте! Какие обстоятельства могут быть в ваши лета, голубчик!- воскликнул Борисов, горячась не на шутку. - Вот смотрите: мне далеко за тридцать, а люблю искусство,- все пошло к сатане, все бросил,- корка хлеба, оборванное пальто, шляпенка - и больше ничего не надо, лишь бы было на полотно и краски... Полноте, дружок, бросьте все, ну, какие обстоятельства, какие? - продолжал он, наступая с жаром.

- Полно, Борисов, - сказал Петровский, качнув головой и указав украдкой на Андреева, который молчаливо сидел на песке.- Послушайте, - прибавил он, взяв за руку молодого человека, - если обстоятельства заставляют вас идти по другой дороге, если это неизбежно, - по крайней мере, не пренебрегайте искусством, работайте... Кто знает, может быть, со временем обстоятельства переменятся, вы будете свободно располагать собой... Вы еще так молоды... У вас есть талант; грешно им пренебрегать!

Пожалуйста, не делайте этого... Приходите ко мне, я всегда буду рад видеться с вами. Борисов, с которым я живу, полюбил вас с первого взгляда; в нем и во мне найдете вы добрых товарищей. Оба мы, если не пригодимся к чему-нибудь другому, так будем стараться подбивать вас к работе.

- Господа!- сказал Андреев, глядя на них сияющими глазами,- я не знаю, как благодарить вас!.. Вы меня воскрешаете... Да, я буду работать, как бы ни были грустны мои обстоятельства, как бы они ни вредили мне, я буду трудиться и не брошу искусства.

- Браво! Браво!- воскликнул Борисов, - ах, милый мой!- продолжал он, бросаясь обнимать Андреева.- Петровский! Дай ему руку! Он наш! Откладывать дело нечего: завтра же вы явитесь к нам в мастерскую, принесете все, все ваши рисунки, все до одного, и мы славно проведем день... так, что ли?

- Я так счастлив, так счастлив, что слов не нахожу, как благодарить вас, - восторженно произнес Андреев.

- Покуда еще не за что, - весело отвечал Петровский. - Не забудьте только уговора: приносите с собой, без выбора, все ваши рисунки; после того, что я видел, мне очень любопытно было бы взглянуть на остальное... Пойдемте вместе отсюда; кроме удовольствия идти вместе, вы узнаете, где мы живем.

Сказав это, Петровский взял под руку Андреева, Борисов подбежал с другой стороны, и вскоре все трое очутились на дорожке, ведущей к Елагинскому парку.

Вечер сменился тихой, светлой ночью. Темные кусты и деревья, озаренные сверху месяцем, блиставшим между ветвями, начинали бросать сквозные тени на дорожку. Небо было усеяно звездами. Легкий ветерок, пробегая иногда между влажными листьями, производил нежный шелест, дополнявший молчаливую гармонию ночи. Кругом было так тихо, что веселый говор трех молодых людей раздавался звучными перекликами с соседних берегов.

Андрееву было так легко на сердце, как еще никогда не бывало. Подобно одинокому, осиротелому ребенку, обласканному в первый раз, ему стоило много усилий, чтобы не броситься на шею новым своим приятелям. Он глядел на Петровского с каким-то восторженным напряжением, прислушиваясь к звуку его голоса, к шуму его шагов и готовый в эту минуту раскрыть перед ним весь запас своих чувств и верований. Надобно быть молодым, чтобы понять, сколько нежного, глубокого чувства пробуждается иногда в душе молодого человека, встретившего симпатичные порывы в людях, которые казались ему прежде недосягаемыми, холодными и совершенно чуждыми. Сам

Петровский, вообще несообщительный, серьезный, чувствовал себя почему-то свободным с Андреевым. В словах его было столько простоты и непринужденности, как будто обращались они к старому приятелю.

- Ну, скажите же мне теперь, Андреев!- произнес Петровский, после того, как покинули они Тучков мост, с которого любовались видом Невы, освещенной месяцем,- скажите мне только откровенно, пожалуйста, как понравилось вам общество наших художников у Юргенс?

- Как вам сказать...- отвечал тот,- право, не знаю... не очень...

- Я то же думаю, - возразил Петровский.

- Пожалуйста, голубчик! Будьте вперед осторожнее, - сказал с заботливым участием Борисов, - они добрые ребята, но могут повредить вам; вы будете, бог даст, в академии (я даже уверен в этом), а там не все разделяют наши мысли.

- Разумеется, - вымолвил Петровский, - да вот чего же лучше: вы не успели уйти, как уже начали они трубить бог весть что, насилу я и Борисов могли их усовестить, особенно Вахрушева и Сидоренко... В чем другом они плохи, но распустить втихомолку нелепость - их дело: общая черта всех пустых голов.

- Да!- с жаром возразил Борисов, - да, общая замашка пошляков без сердца и мозгу, пускающих с самодовольной улыбкой тупую остроту свою навстречу всякому благородному порыву души, как бы в оправдание тому, что сами они или отжили способность думать и чувствовать, или, вернее, никогда не думали и не чувствовали!

- Скажите, господа! Что же это за странный народ? Что ж они делают в академии; ну, например, хоть Вахрушев и Сидоренко?

- Ровно ничего - живут себе сложа руки и ждут в сладостном забвении первой золотой медали, то есть то же, что ждать у моря погоды... Если хотите, я сообщу вам легкий физиологический очерк этих господ, то есть Вахрушевых, потому что не надо смешивать их с другими. В академии, слава богу, не все на них похожи...

- Пожалуйста, пожалуйста!..

- Во-первых, нужно вам сказать, что все эти Вахрушевы - незаконные дети наших муз... Впрочем, не думайте, однако ж, чтоб вследствие этого музы, по примеру иных матерей, любили их больше детей законных. Главное то, что ведь они, большей частью, насильно, своевольно навязываются в дети музам. Похвалы на выставке, обращенные к какой-нибудь картине, знакомство с художником, который расскажет им, как живут русские художники в Риме или как пируют у Юргенс, подает им первую мысль переступить порог академии; но чаще всего соблазняет их наш выпускной экзамен. Торжественность при раздаче медалей, звук цимбал, шум, который раздается, когда произносят имя художника, удостоившегося медали,- все это решает судьбу их. В наше время особенно сильно возбуждает такую решимость успех К. П. Брюллова... не правда ли, Борисов?

- Как же, помилуй, братец! Весь гипсовый класс наполовину набит такими господами; я сам многих знаю: тут есть и чиновники, и матушкины сынки, никогда не думавшие прежде об искусстве...

- Да, успех "Последнего дня Помпеи" многим вскружил голову,- перебил Петровский,- разумеется, восторженная настроенность продолжалась недолго. "Последнего дня Помпеи" не удалось им написать в первые два месяца, - тем дело и кончилось. С академией им незачем было, однако ж, расставаться, - художники народ веселый. И в самом деле, не бог знает как трудно, лежа на диване, создавать сотнями колоссальные произведения, особенно когда батюшка или матушка, настроенные сынком, - видя в нем (все-таки, судя по успеху Брюллова) нового Микеланджело, который много-много если не через два года получит заказов на полмиллиона, - снабжают его деньжонками. Итак, наш художник посещает классы, но не ради другого чего, как чтобы находиться среди толпы веселых товарищей, ни дать ни взять с той же целью, как наши барыни ездят в театр. В классе время проходит у него не совсем, однако ж, праздно: он подмечает, какая у профессора палка и шляпа, как он говорит и ходит. Через несколько времени, смотришь, и у него появилась такая же шляпа и палка; говорил он прежде чисто, - слушаешь, теперь гнусит или картавит. Они вообще заражены мыслью, что художник должен непременно отличаться чем-нибудь оригинальным. Для достижения этого не щадят они деятельности. Во всех других случаях, они покоятся в сладком far-niente[5], то есть ровно ничего не делают. Этюды их - постоянно самые плохие и бесцветные, точно так же, как рисунки и эскизы, хотя на последних никогда не бывает менее двадцати фигур, и содержание всегда сложно и замысловато.

- А между тем заметьте, господа!- перебил Борисов, - никто из истинных художников не говорит с таким жаром об искусстве.

- Это еще, впрочем, лучшая их сторона, - отвечал Петровский, - это доказывает, что в них есть по крайней мере совесть...

- Как! Каким образом?..

- Очень просто. Толкуя всем и каждому с преувеличенным энтузиазмом об искусстве, они думают оправдать в чужих глазах свою лень и тунеядство. Послушайте любого из них; у каждого тысяча самых похвальных замыслов, планов, проектов, картонов, программ и эскизов (заметьте к тому, что размер предполагаемых совершенств искусства не

---

[5] Ничегонеделание (лат.).

бывает менее двух, трех сажен)... Для исполнения великих своих замыслов ждут они обыкновенно весны или лета,- это уже всегда так водится; в ожидании этого времени, они проводят месяцы в соображениях о цене красок, полотна, натурщика и особенно натурщицы... Наступило лето, и уже сыплются всевозможные проклятия на петербургскую природу: небо серо - писать нельзя; лето проходит, они ничего не делали, и работа откладывается до счастливой минуты, когда первая золотая медаль откроет им путь в Италию. В последнем они все решительно уверены. Они думают единодушно, что уже довольно родиться от какой-нибудь Анны Семеновны, чтобы получать лишние права против других. В суждениях своих они строже всякого другого маститого, опытного профессора. Не зная труда, с каким дается совершенствование, им все кажется легким. По этому самому художника-труженика называют они бездарным немцем; оконченная картина, отзывается для них сухостью или "конопаткой", как они говорят: "лепки" нет, "планов, размаху" и т. д. Такие отзывы не мешают им, однако ж, завидовать всякому произведению (без "планов и лепки"), если только оно имело успех. Успех приписывается тогда случаю... О! Я их хорошо знаю!..

- Ну, я также могу этим похвалиться, хотя они мне никогда и не завидовали, - возразил Борисов.

- Сколько общий труд и общая цель способны соединить людей, - продолжал Петровский, - столько же общее тунеядство, лень и бездарность сближают этих господ друг с другом. Нигде, быть может, дух товарищества не преобладает так сильно. И немудрено: там, где связь ограничивается одними мечтами, сладкими грезами да попойками, зависти и другим разъединяющим чувствам нет места. Но самолюбие,- которого у них, как вообще у всех людей, не имеющих на него ровно никакого права, очень много, - не дает им покоя. Но как и чем взять? Отсюда эта аффектация в одежде, как, например, у Вахрушева, если вы заметили, или у Сидоренко...

- Я сам слышал, как Сидоренко говорил, размазывая пальто кистью: "Чтоб сразу, по крайней мере, был виден художник, черт побери!" - заключил, смеясь, Борисов.

Разговаривая таким образом, все трое незаметно почти очутились у академии. Тут Петровский и Борисов расстались с Андреевым, напомнив ему вторично обещание принести завтра рисунки и провести вместе день.

- Да не забудьте ни одного клочка бумажки, смотрите, и приходите как можно раньше: мы вас ждем, и кофейку сварим!- крикнул Борисов, неожиданно выглядывая из калитки.

Но Андреев был уже далеко. Он бежал, подпрыгивая по мостовой и благословляя счастливый день, давший ему таких приятелей, как Петровский и Борисов.

VI

МАСТЕРСКАЯ

"Идти мне сегодня в должность? Да или нет?" - с таким вопросом проснулся Андреев, полный светлых впечатлений вчерашнего вечера. "Нет, не пойду!" - заключил он, окончательно раскрывая глаза. "Что ни говори крестный отец, а исправнее меня нет у него покуда подчиненного... В полтора года я, кажется, всего два раза не явился на службу, да и то по болезни. Я хочу, чтоб нынешний день ничто не омрачало; чтоб был он так же хорош, как вчерашний". Андреев оделся торопливо, выпил стакан чаю и принялся собирать рисунки. Не утаив ни одного клочка бумаги, он запер за собой дверь, отдал ключ Варваре Гавриловне и выбрался из дома.

Нечего говорить, как длинен показался ему путь от Новых мест до Васильевского острова и до ворот академии. Расспросив у сторожа, как и куда пройти в мастерскую Петровского, Андреев очутился вскоре в длинном внутреннем коридоре, огибающем вокруг все здание академии художеств. Тут, однако ж, сердце как будто несколько изменило ему. Каждый шаг, каждый взгляд давал чувствовать Андрееву неизмеримое расстояние, которое находилось между настоящим его положением и тем, что его окружало. Проходя поминутно мимо дверей, на которых были начертаны имена знаменитых художников и профессоров, Андреев останавливался, пронятый насквозь нерешительностью и страхом. "Сколько таланта, неусыпных трудов, силы воли и, наконец, случая или счастливой обстановки нужно было, чтобы достигнуть известности и славы!" - подумал Андреев. Мысль эта отнимала у робкого его сердца последнюю уверенность и силу.

Как путник, внезапно очутившийся посреди необъятно-громадной картины природы, он чувствовал все свое ничтожество в виду имен, гремевших чуть ли не во всей Европе. Он бросил на длинный сверток своих рисунков грустный, безотрадный взгляд,- взгляд, какой бросает нежная мать на детище, оказавшееся слабым и никуда не способным, тогда как она, бедная, увлеченная к нему всеми своими чувствами, возложила на него все свои мечты и надежды. С такими чувствами постучался он нетвердою рукой в клеенчатую дверь с надписью мелом: "Мастерская художника Петровского".

- А, голубчик!- закричал Борисов, отворяя дверь, обнимая Андреева и вталкивая его в мастерскую, что делалось в одно и то же время, - а мы уж

44

думали, вы заспесивились и не придете, ну, ну... э! какой славный, честный сверток,-присовокупил он, взяв в руки сверток и поднимая его над головой,- я тебе говорил, Петровский, я тебе говорил... ну, ну, посмотрим...

- Полно, Борисов! Дай ему, братец, отдохнуть,- сказал Петровский, укладывая на деревянный табурет палитру и кисти. - Здравствуйте, Андреев! Здравствуйте, - продолжал он приветливо,- очень рад вас видеть.

Тут Петровский подошел к пришедшему и с радостным чувством подал ему обе руки. После первых приветствий с той и другой стороны и пока Борисов хлопотливо приставлял к свету стол и стулья, освобождая их от хлама, неизбежного спутника всех художников, Андреев окинул жадным взглядом мастерскую.

Она состояла из очень высокой, квадратной комнаты темно-кирпичного цвета, выходившей на угол и освещенной с каждой стороны угла одним огромным окном, закругленным сверху. Окно налево было занавешено с середины до низу красноватым коленкором, прибитым гвоздями и падавшим густыми, пыльными складками на пол, заваленный на этом месте разбитыми гипсами, черепками и рамами. Другое окно было целиком закрыто старым клетчатым одеялом и заставлено сверх того папками и этюдами, обращенными лицом к стеклу. Свет из первого окна, оставленный сверху, падал косыми голубыми лучами прямо на картину, поставленную на мольберт и перегораживавшую комнату на две половины. Большей части мастерской сообщался поэтому какой-то горячий, желтоватый полусвет, часто встречаемый на фламандских картинах. В этом полусвете, на темных стенах, мелькали гипсовые головы, суровые и улыбающиеся, угловатые и грациозные, маски, члены, гравюры, полотна, палитры; выгнутый шиворот-навыворот манекен выглядывал подле, из черного угла, вместе с оборванными лохмотьями шаманского костюма, висевшими на гвоздике, и посреди всего этого беспорядка спокойно вырезывалась строгая гипсовая фигура Германика, поставленная на деревянные подмостки и причудливо раздрапированная синей шерстяною материей. В углу, против картины, стояла узенькая сосновая постель Петровского; к подушкам примыкал ночной стол; на нем, вместе с подсвечником, чернильницей и бумагами, лежала "Илиада", несколько чертежей Флаксмана и целая кипа старых гравюр с Рафаэля, Пуссена и Лесюера. Часть комнаты позади картины принадлежала Борисову. Тут уже беспорядку конца не было. Одежда, краски, склянки с маслом, кисти, кончики сигар, сапоги - все мешалось вместе, как в винегрете. Луч солнца, скользнувший поверх картины Петровского, проникал в этот хаос и, изломавшись, как молния, по стене, играл и дробился на стакане с прилипшим к боку обрезком лимона, кофейнике, бутылках и горшках, устилавших поверхность небольшой железной печки, служившей Борисову вместо ночного столика. Посреди владений Борисова возвышался долговязый мольберт, уставленный в одно время несколькими пейзажами, один на другой. Угол этот, ни дать ни взять, был вечно похож на прихожую женатого художника в минуту пожара, несмотря на суеты и хлопоты бедного Борисова, проводившего день-деньской в уборках и приведении всего в лучший, строжайший порядок.

Дело в том, что на Борисове лежала хозяйственная часть мастерской, как то: варенье кофе, подогревание воды, починка, штопка и проч. Наделенный природой небольшими способностями, но весь преданный любви к искусству и Петровскому (что для него составляло почти одно и то же), доходившей до фанатизма, добрый, как голубь или ягненок, Борисов ни за что в свете не хотел уступить хлопоты товарищу и постоянно метался, как маятник, от начатой картины к кофейнику, от ящика красок к печке или иголке. Последнее время особенно сбивало с толку Борисова. С первого же дня, как Петровский начал новую свою картину, Борисов принял на себя добровольно и с самым добродушным увлечением роль бабушки этой картины. Петровский, страстно полюбивший свое произведение, далеко так не беспокоился о своем детище, как Борисов. Борисов ходил за картиной, как за ребенком. Тысячу раз на день подбегал к ней, разглядывал, щупал, стирал пыль, щурил глаза, натирал ладонью лоб докрасна и с озабоченным видом брался за собственную кисть. Сколько ни старался Петровский успокоить своего товарища, он ровно ничего не мог сделать. Окинув взглядом мастерскую, Андреев внезапно остановил глаза на картине Петровского.

- Ага! Ну что, каково мы пишем-с?.. а? а? Как вам нравится, дружок, эта картиночка? Что вы скажете? - говорил Борисов, обнимая Андреева и как бы благодаря его за восторженное выражение лица.

Картина изображала блудного сына, застигнутого посреди угрюмого стада, во время грозы и раскаяния. Андреев пожирал глазами каждый удар кисти, каждую черту.

- Думаю-с!- сказал Борисов, шутливо трепля его по плечу,- я думаю, любитель скажет нам за нее спасибо?..

- Какой любитель? - воскликнул Андреев.

- Любитель, заказавший эту картину, - продолжал Борисов, махая руками и не обращая внимания на Петровского, который стоял позади и давал ему знаки молчать,- Петровский, нужно вам сказать,- крикнул Борисов, - получил нынешней весной за "Агарь в пустыне" первую золотую медаль и должен был ехать в Италию... да у Петровского,- дружок мой, есть мать и сестра, которых он хочет обеспечить на то время, как будет в Италии... вот потому-то он отложил поездку и принял заказ одного любителя... Аллегория недурна по этому поводу... а? Блудный сын! Петровский - блудный сын!.. Ну, а что вы скажете о Вахрушеве и Сидоренко?.. Я думаю, они не напишут лучше?..

Тут Борисов ухватился за бока и залился добродушным своим смехом.

- Ну что, как вам, голубчик, понравилась наша мастерская, наше житье-бытье? - продолжал Борисов, увлекая Андреева в свой угол.

- Чудо! Чудо!- восклицал юноша, не зная, куда обратить глаза, - чудо! Я даже с наслаждением вдыхаю в себя этот воздух.

- Пропитанный терпентином и красками!- смеясь присовокупил Борисов, - еще бы! Запах этот должен быть точно так же мил истинному художнику, как запах пороха настоящему воину, какому-нибудь кавказскому солдату!

Пока Борисов говорил, Петровский откинул коленкор, занавешивавший окно, придвинул к нему стол, приготовленный Борисовым, и разложил на нем сверток Андреева. Андреев и Борисов подбежали к столу.

- А! а! а! ну, ну!.. вот это ладно, посмотрим, посмотрим, - говорил Борисов, прижимаясь к Андрееву и потирая руки,- вот это дело,- что дело, то дело!..

- Можно? - произнес Петровский, обращаясь с доброй улыбкой к Андрееву и восторженно пожимая ему руку.- Но что с вами? - присовокупил он, тревожно глядя ему в лицо.

- Что с вами? - повторил Борисов, испугавшись не на шутку беспокойству, показавшемуся внезапно в чертах Андреева.

- Господа!- отвечал юноша взволнованным голосом, - до сих пор я еще никому в свете не показывал своих рисунков; вы еще не знаете... Скажу вам откровенно: тут все мои мечты, все надежды... Ради бога, не шутите со мной, - прибавил он, подымая на двух художников смущенное лицо, - скажите мне прямо, искренно ваше мнение... Я ценю ваши мнения, и пристрастный отзыв может увлечь меня... Кто знает, ваши слова могут решить судьбу мою, а я должен быть заранее твердо уверен в своих силах, чтобы пожертвовать настоящим положением и посвятить себя живописи... В противном случае, я подвергаю гибели не только себя, целое семейство... Ради бога, не шутите со мной и скажите правду!..

- Послушайте, Андреев, если это так, - сказал Петровский твердым голосом, - даю вам честное слово, что употреблю все свое внимание, всю свою опытность, все знание этого дела и, отбросив в сторону все предрассудки, все мелочи, скажу вам с братской искренностью свое мнение... Впрочем, вы можете быть уверены, что я не поступил бы иначе с вами ни в каком случае: это мой обычай, - прибавил он, расправляя брови и дружески пожимая ему руку.

- Клянусь вам честью!- закричал в свою очередь Борисов, но увидя, что лицо Андреева просветлело, он взял его под руку и повел к столу.

Петровский развернул сверток. Все нагнулись к рисункам, и сердце Андреева снова забилось. Петровский молча и медленно принялся пересматривать каждый рисунок, изредка лишь прерываясь, чтобы взглянуть на Борисова, который поминутно бросал взгляды на Петровского и, уловив на лице его одобрительное выражение, не мог выдержать, чтобы не вскрикивать каждый раз:

- Чудесно! Превосходно! Я тебе говорил, Петровский! Я тебе говорил!..

Но когда рисунки пришли к концу, Петровский поспешно поднялся со своего места и подошел к Андрееву.

- Верите вы мне? - спросил он, глядя ему пристально в лицо своими темными глазами.

- Верю!- твердо отвечал Андреев.

- В таком случае, скажу вам, что у вас такой талант, какого еще мне не приводилось видеть! Да,- прибавил он, - какие бы ни были ваши обстоятельства, - смело жертвуйте всем для искусства, и, верно, ни вы, ни ваше семейство не останетесь в проигрыше... Чтобы рассеять окончательно ваши сомнения, позвольте мне завтра же показать ваши рисунки некоторым из наших профессоров?.. Я заранее уверен в блистательном успехе... Тогда, после этого, мы смело начнем действовать, - не так ли?

Андреев согласился во всем. Он не помнил себя от радости.

- Ну, Борисов, полно тебе обнимать его,- сказал Петровский, - успеешь еще, теперь можно надеяться, что часто приведется видеться, - свари-ка нам на радость кофе, - это будет лучше! Ведь он у нас хозяйка, Андреев, - вы еще этого не знали? - смеясь, присовокупил он, подмигивая на Борисова, который метнулся в свой угол и загремел посудой.

Спустя несколько времени, Петровский раскрыл перед Андреевым все свои папки, показал ему все свои эскизы, этюды и эстампы. Следствием этого было то, что Петровский окончательно растерялся в заключениях своих насчет молодого человека. Сведения последнего в изящных искусствах, очевидно, превосходили его практические познания. Встречая эстампы с великих мастеров, он толковал о них, как бы век был окружен ими. Различие школ, биографические замечания,- он ни перед чем не останавливался.

- Послушайте, Андреев, - сказал, наконец, Петровский, после минутного молчания, окидывая молодого человека удивленными глазами, - я верю, что с большим природным талантом можно совершенствоваться без стороннего пособия, можно даже сделать значительные успехи, - но скажите, бога ради, каким образом... откуда вы знаете все это?..- присовокупил он, указывая на кипы эстампов, разбросанных по столу.

48

- Что ж тут удивительного?..- произнес, краснея, Андреев.

- Я тебе говорил, я тебе говорил!- крикнул Борисов, неожиданно высовывая голову из-за картины и размахивая руками, обнаженными до локтей.

- Как, что удивительного!- возразил Петровский. - Вы, вероятно, не знаете еще, какое чудо встретить между нами человека с артистическим образованием, - но это уже другой вопрос - скажите, пожалуйста, где вы воспитывались?

- Нигде.

- Может ли быть?

- Серьезно.

- Тогда вы, вероятно, с тех пор, как ходить начали, до настоящего времени прожили в Эрмитаже или в какой-нибудь значительной галерее, наполненной, кроме картин, эстампами и книгами...

- В Эрмитаже я был всего три раза,- смеясь отвечал Андреев, - времени не было бывать чаще, - наконец, я вовсе и не жил в Петербурге.

- Где же?

- В провинции.

- Вы давно здесь?

- Скоро два года.

- У меня просто руки отнимаются! Помилуйте, я очень хорошо знаю нашу провинцию: там трудно чему-нибудь научиться; если б вы обнаружили богатые познания в собачьих породах, в разыскивании заячьих или волчьих следов, в лошадиных мастях,- я бы легко вам поверил, - но получить в провинции светлые понятия о художествах... согласитесь сами...

- Вас, вероятно, еще больше удивит, если скажу вам, что всему этому способствовала бедная провинциальная девушка...

- Что вы говорите?

- Я тебе говорил, Петровский, что тут что-нибудь да есть такое...- закричал Борисов, показываясь из-за картины с кофейником в руках.

- Да, сестра моя,- сказал Андреев.

- Вы простите мне мое любопытство?

- Расскажите, голубчик, расскажите, дружок, - заговорил Борисов, подбегая торопливо к гостю.

- История не очень веселая, - начал со вздохом Андреев. - Нужно вам сказать, что отец мой служит в уездном городе. Шестнадцать лет тому назад, кроме службы, он занимался еще делами одной знатной барыни; имение ее находилось в пяти верстах от нашего города. Мы были еще тогда дети, т. е. мне только что минул шестой год, сестре - двенадцатый. У меня есть еще две сестры, - но те были уже тогда взрослые. Отправляясь

49

очень часто летом по делам графини, отец имел обыкновение брать с собой меня или младшую сестру мою. Сестра понравилась графине. Часто она оставляла ее у себя на несколько дней. Мало-помалу старушка привязалась к девочке. Кончилось тем, что она взялась воспитать ее, выпросила ее у отца, и в один прекрасный день узнали мы, что старая графиня уехала в Петербург и взяла с собой сестру. Графиня прожила в Петербурге четыре года сряду. Не думая, хорошо ли, дурно ли будет, она окружила ее учителями, одевала как куклу, - словом, сделала из нее барышню, которая была ничем не хуже ее племянниц и внучек. Необыкновенные успехи сестры подстрекали самолюбие старушки. Сестра была хороша собой, - все были от нее в восторге; графиня выставляла ее всюду, как свою воспитанницу. Расстроенное здоровье старухи заставило ее ехать за границу; она взяла с собой сестру. Таким образом, они объехали почти всю Европу и, наконец, основались года на два в Италии. Графиня была женщина с современными понятиями; она любила изящные искусства, часто приглашала к себе художников и поощряла всеми средствами врожденную склонность сестры к живописи. Кончилось все это, однако ж, очень печально... как, впрочем, и должно было, рано или поздно, кончиться. Графиня приехала в Петербург, прожила еще два года и скончалась, не успев даже сделать никаких распоряжений насчет сестры. Наследники отправили сестру домой. Семейство мое... да что вам говорить: вы поймете положение девушки, воспитанной со всей роскошью утонченного аристократизма,- и вдруг брошенной в бедный уездный городишко, посреди круга становых и заседателей... Много нужно было бы силы, воли, терпения, чтобы выдержать такую жизнь безропотно... Оскорбленная (невольно, разумеется) на каждом шагу всем, что ее окружало, отчужденная воспитанием и понятием от всех близких, - она невольно как-то искала тогда сблизиться со мной. Мне было тогда четырнадцать лет, ей - двадцать два. Я был мальчик кроткий и тихий, очень любознательный, очень любопытный. С первых же дней я полюбил ее со всей пылкостью детского сердца. К тому же я был почему-то заброшен в доме, - старшие сестры меня не любили, - это обстоятельство сблизило нас еще более. Вскоре мы стали неразлучны. Не могу передать вам, с каким самоотвержением, с какой материнской нежностью следила она за моим развитием. Заметив во мне склонность к рисованию (я тогда еще чертил мелом и углем по заборам), она тотчас же принялась учить меня. Надо вам сказать, что после графини остался у сестры, кроме тряпья и платьев, целый сундук книг, литографий и эстампов, подаренных ей в разные времена графиней. Книги были большей частью художественные: Лессинг, де-Пиль, Катремер-де-Кенси, Зульцер, Пересе, Ватле, Альгаротти... Она окружила меня ими. Целые дни проводил я у нее в светелке, перерисовывая в сотый раз какой-нибудь эстамп и заслушиваясь рассказов об Италии и художниках. Как одинокий мальчик, я развивался не по летам,- общества у меня не было. Многое начинало уже тогда проясняться в голове моей. Часто, в сумерки, когда я сидел с ней, мне вдруг становилось грустно, грустно за нее, за себя, за всех почему-то, и я бросался, рыдая, к ней на шею. Э! да что говорить, господа, - поверьте, грустная история...

- Где ж теперь ваша сестра? Что с ней?..- спросил с участием Петровский.

- Да, да, где она? - произнес Борисов, щуря серенькие свои глазки.

- Там... дома...- отвечал Андреев, отворачиваясь к окну.

Борисов взглянул украдкой на Андреева, потом на Петровского и вдруг захлопал в ладоши и закричал, бегая и суетясь по мастерской:

- Господа, кофе готов!- садитесь, поскорее, садитесь, не то простынет...

- И в самом деле, мы совсем было забыли; Андреев, давайте завтракать!- сказал Петровский, взглядывая на Андреева и стараясь улыбнуться.

- Господа! Честь имею донести, что кофе будет отличный: полчаса кипел!- произнес Борисов, торопливо ставя на стол поднос, покрытый стаканами и сухарями. - Голубчик, кладите сахар! Положили?.. Петровский, не замечаешь ли ты, как вдруг стало у нас мало сахару?..

- Нет.

- Ну, господа, держите теперь стаканы, - хлопотливо говорил Борисов, подымая кверху кофейник. - Батюшки, а что это такое?..- произнес он, разглядывая стакан Андреева, в который вместо кофе полилась какая-то беловатая густая жидкость, - ах, батюшки, что я наделал!..

Петровский поставил блюдечко на стол и залился смехом. Андреев обмочил губы в стакан и последовал примеру Петровского.

- Что такое? Что это значит?..-повторил Борисов, стоя в каком-то недоумении, с кофейником в одной руке, с полотенцем в другой.

- Помилуй, Борисов, знаешь ли, что кипятил ты так усердно вместо кофе,- ну, как ты думаешь?..

- Что такое?.. Что я такое кипятил? - повторил Борисов, недоумение которого возрастало с каждой секундой, - что я кипятил такое?..

- Сахар!- произнес, задыхаясь, Петровский.

- Может ли быть?

- Серьезно - вот отчего тебе вдруг показалось, что его стало меньше,- я думаю, ввалил, вместо кофе, целый фунт сахару.

- Эх, ведь и в самом деле!- воскликнул Борисов, шлепая себя по лбу,- эх, господа, а все вы: та-та-та-та... заслушался я вас, развесил уши, да и наделал дела... Ну, пеняйте на кого хотите, только угольев больше нет!..

51

Это обстоятельство развеселило всех присутствующих. Часа в три Петровский вызвался вести Борисова и Андреева к Гейде. Те приняли приглашение, и вскоре мастерская опустела. Остаток дня проведен был на островах, и веселье, начавшееся так внезапно в мастерской, ни разу не прерывалось до самого вечера. Часу в десятом Андреев вернулся домой.

- Ключ у вас? - спросил он, постучав к Варваре Гавриловне.

- Катерина Андреевна взяла его, - отвечала та.

Андреев подошел на цыпочках и приложил ухо. За дверью раздавалась качуча, сопровождаемая щельканьем пальцев и шарканьем по полу. Затаив дыхание, Андреев потихонечку вошел в комнату.

На полу горели две свечки и еще какой-то огарок, воткнутый в чернильницу: посреди этой иллюминации стояла Катя. Приподняв слегка платье и юбку обеими руками, она глядела себе на ноги и выделывала самые замысловатые па, подпевая слова известного куплета:

Тальони, прелесть, восхищенье,
Так неподдельно хороша-а-а! и т. д.

Андреев не дал ей докончить и бросился обнимать ее. Но Катя рванулась вперед, подняла свечки, села в кресло, надула губки и повернулась к нему спиной; все это было делом секунды.

- Катя, душенька, ради бога, не сердись на меня,- говорил Андреев, целуя ей руки,- полно ребячиться, будь весела сегодня, ты не поверишь, как я нынче счастлив, полно тебе...

Катя быстрым движением повернулась к нему лицом, окинула его проницательным взглядом и, хмуря тоненькие свои брови, сказала:

- А, вы сегодня счастливы! Очень рада!.. Ступайте к тем, кто вас делает счастливым...

- Полно, Катя, что за глупости!..

- Не хочу, не хочу, не хочу!.. - закричала она, ежась на своем кресле, как вьюн на свободе, - не хочу! Вот славно, он оставляет меня одну, не видит по целым дням, и потом я еще и весели его... да, да, полноте... О! я вас знаю!- присовокупила она, сердито качая головой, - вы вечно со своими художниками, вы для них готовы тысячу раз променять меня... Ну, так не хочу же и я скучать без вас; и я сегодня весела!- прибавила она, прыгнув внезапно на пол и принимаясь скакать по комнате.

- Давно бы так!- весело сказал Андреев, преследуя Катю, которая каждый раз перевертывалась на одной ножке и, сделав ему гримасу, бросалась в сторону, - проведем вечер вместе, пойдем гулять; ты расскажешь мне, что ты делала в эти два дня, а я расскажу, что со мной случилось, хочешь?..

- Ну, хорошо, - сказала Катя, неудовольствие которой рассеялось в ту же секунду.

- Во-первых, какой добрый гений принес тебя сюда?

- Я была у Левицких! Ах, если б ты знал, как там было весело... сколько народу...- отвечала она, восторженно размахивая руками.

- Опять, - сказал Андреев недовольным голосом, - ты для меня ничего не хочешь сделать. О! Сколько раз я просил тебя бросить этих Левицких... Скажи на милость, ну, что общего может быть между ними и тобой?.. Поверь мне, это не поведет к добру... ты никогда не хочешь мне верить...

- Бррр... - произнесла Катя, быстро проводя ладонью по губам его,- пожалуйста, не говори пустяков...

- Я правду говорю...

- Опять!- закричала Катя, зажимая ему рот, приподымаясь на носки и грозя ему пальцем.- Ну, миленький, ну, дружок, не сердись, перестань,- прибавила она, передразнивая Андреева.

Оба засмеялись.

- Давно бы так!- сказала в свою очередь Катя, повиснув у него на шее,- ну, пойдем гулять!..

И вскоре оба шли рука об руку, весело огибая пустынные заборы и переулки. Ночь была тихая и ясная. Полный месяц медленно плыл по синему, звездному небу, осеребряя дорогу, кровли и здания.

VII

СВЕТ И ТЕНЬ

Дней пять после знакомства с Петровским и Борисовым Андреев возвращался часу в третьем из должности домой. Проходя по двору, он не взглянул даже на окно Кати. Он казался каким-то озабоченным и рассеянным. Очевидно было, что мысли его находились далеко от всего окружающего. Подымаясь по лестнице, Андреев услышал за поворотом разговор, посреди которого то и дело повторялось его имя. Он невольно остановился и стал прислушиваться.

- А кто его знает, отец родной, здесь, кажись, нет такого...- повторял сиповатый женский голос.

- Как, быть не может, голубушка!- торопливо перебил мягкий ласковый голос,- быть не может!.. Дворник сказал мне, что на этой лестнице; вспомните: среднего роста, бледный, белокурый, вы его, верно, видели, - помилуйте, как не знать: чиновник Андреев!

- Чиновник!- возразил с уверенностью сиповатый голос, - давно бы так сказали, отец родной, ступайте на самый верх, налево...

Дверь хлопнула и вслед за тем послышалось нетерпеливое шарканье чьих-то подошв по верхним ступеням лестницы. Андреев пустился вдогонку и прямо против дверей своей комнаты столкнулся нос с носом с Борисовым.

- А! голубчик, - вскричал художник так же радостно, как бы встретил родного брата после трехлетней разлуки, - слава богу, наконец-то я вас поймал!.. Хорошо, нечего сказать, пять дней и глаз не кажет!.. Ну, Андреев, что было в это время, если б вы только знали, голубчик, что было!..

И не дожидаясь ответа, он тащил Андреева вниз по лестнице. Напрасно он увещевал Борисова войти в комнату и отдохнуть, представляя ему его усталость и дальность предстоявшей дороги. Борисов ничего не хотел слышать; он ограничивался только тем, что отирал пот, капавший с лица, и тащил своего приятеля вон из дома, приговаривая:

- Э! голубчик, какой тут отдых! Не до того теперь: скорей, скорей к Петровскому!..

- Что же такое случилось? - спросил Андреев, обнаруживая явное нетерпение.

- Случилось то, что... да нет, нет, не подденете... я сдержу обещание: не скажу ни слова... Узнаете... все узнаете в свое время.

Тут Борисов поднялся на носки, глянул украдкой в лицо Андреева, восторженно потрепал его по плечу и, взяв его под руку, снова потащил по улице, крепко сжав, однако ж, на этот раз губы, как бы боясь против воли проронить лишнее слово. Так прошли они несколько времени.

- Ну, Андреев, какие новости!- начал неожиданно Борисов.

Андреев насторожил слух.

- Нет, - вскричал тот, - ни за что на свете! Выдержу до конца. - Петровский останется доволен!

Молчание Андреева видимо подстрекало болтовню Борисова. Пройдя еще несколько шагов, он отошел в сторону, остановился, взглянул на товарища, потер руки и засмеялся.

- Довольно, Борисов, - сказал Андреев,- полно вам меня мучить, объясните мне, что все это значит?

Борисов шагнул вперед, быстро оглянулся на все стороны и махнул отчаянно рукой.

- Эх, черт побери, не выдержал!- воскликнул он.- Ну, уж теперь заодно, все равно...

Он поспешно пригнулся к уху товарища и произнес скороговоркой:

- Все профессора в восторге!.. Петровский показывал им ваши рисунки... Ну, дружок, ага?.. Какова новость? - прибавил он, взглянув в лицо Андреева, покрывшееся внезапным румянцем, - ну, что, весело теперь? А? Еще бы! Еще бы!- продолжал он, не дождавшись ответа.

И желая, вероятно, вконец обрадовать приятеля, он принялся передавать ему, от слова до слова, все, что говорено было профессорами, не выключая ни замечаний, ни похвал, ни даже выражений лица, движений, интонаций, характеристики и физиономии каждого профессора при этом случае. Рассказ Борисова заключал в себе такие подробности, такую точность, что когда Андреев очутился в академии и Петровский передал ему свои четырехдневные похождения, он не услышал уже ничего нового.

- Послушайте, Андреев,- заключил, наконец, Петровский, обнаруживая некоторое удивление, - в продолжение всего времени, как я говорил с вами, я не спускал глаз с вашего лица: скажите, с вами, верно, что-нибудь случилось неприятное... вы совсем не тот, что были пять дней тому назад... Что с вами?

- Да, я сам это заметил, - говорил Борисов, обращаясь мгновенно к Андрееву, который обнаруживал сильное волнение,- я сам это заметил; чего бы, кажись, лучше: все ему улыбается... За четыре дня он с ума сходил при одной мысли об академии, теперь академия ему открыта, то есть сделайте только милость, потрудитесь войти, а он нахмурился, и как бы глядеть на академию не хочет... Он нас обманул. Петровский, он просто не любит искусства.

- В самом деле, Андреев, глядя на вас в эту минуту, и особенно при настоящих обстоятельствах, невольно согласишься с Борисовым... Ну, полноте, садитесь, расскажите, почему, вместо того, чтобы радоваться вместе с нами, вы смотрите сентябрем?

- Вот видите ли, господа, - сказал Андреев, - в эти четыре дня я много обдумал, много пересудил...

- Что ж из этого следует? - нетерпеливо перебил Борисов.

- Мы затеваем страшное дело, - отвечал Андреев не совсем твердым голосом.

- Отчего, что такое?..- спросил Петровский.

- Оттого, что я не завишу от себя, не могу располагать собой и ни в каком случае не должен бы оставлять службы... в последний раз я непростительно увлекся...

- Как вам не стыдно!- возразил Борисов, потрясая с комическим достоинством свою пушистую голову. - Что за слабость! Неужели какие-нибудь шестьсот или семьсот рублей жалованья заставляют вас колебаться? Нет,- быть не может! Неужели у вас недостанет силы и духу потерпеть какие-нибудь дрянные четыре года, лишить себя на время этих дрянных финтифлюшек, жилетишков и розовых галстучков?.. Посмотрите, я постарее вас, а вот видите... - присовокупил Борисов, трепля с каким-то азартом лацканы своего коричневого, рыженького пальто.

- Нет, Борисов, вы ошибаетесь, - перебил Андреев с грустной улыбкой, - у меня хватило бы силы отказаться не только от розовых галстуков, о которых вы говорите, но даже и от самых необходимых вещей, если б на то пошло; да дело в том, что часть из этих пятисот рублей жалованья (я получаю всего пятьсот), если не обеспечивает мое семейство, так, по крайней мере, служит ему залогом будущего обеспечения... Если я оставлю службу и брошусь в академию, скажите, пожалуйста, откуда буду я брать эти сто рублей, которые посылаю каждый год из своего жалованья домой и без которых решительно не могут обойтись мои родные?.. Кроме этого, отец и мать убеждены, что в жизни положительное одно только - служебное место. Кто уверит их, не разрушив их спокойствия, что, сделавшись художником, я обеспечу их со временем вдесятеро надежнее? Кому они поверят? Но это куда бы еще ни пошло, - положим, они бы поверили, успокоились и могли бы обойтись без моих ста рублей,- теперь другой вопрос: в эти четыре года, как я буду в академии, откуда я возьму денег, чтобы жить, съесть утром и вечером кусок хлеба, иметь пристанище, покупать полотно, карандаши и краски?.. Нет, господа, - продолжал он голосом, в котором слышны были слезы,- не лучше ли нам оставить все это? Что ж делать!.. Разумеется, что говорить, горько думать, сознавая в себе силы, что судьба твоя зависит от каких-нибудь тысячи рублей в год, что есть на свете Италия, Рим, и что придется умереть в каком-нибудь глухом уездном городке, не видав ни Рима, ни Италии!.. Вы правы, Петровский: в эти четыре дня я много переменился... поверите ли - я почти примирился со своей долей...

- Нет, этому не бывать!- закричал Борисов, отчаянно размахивая руками, - этому не бывать! Андреев! Вы должны с нынешнего же дня бросить все пустые предрассудки; с нами вам нечего церемониться: я делюсь пополам с вами всем, что у меня есть!.. У Петровского семья,- он другое дело. Если вы не согласны, - буду иметь честь объявить вам, что делаю это не для вас, а для искусства, во имя вашего таланта... Я, наконец, делаю это из интереса: талант ваш ручается мне, что через четыре года я возвращу все свои убытки,- если только будут убытки!..- прибавил он торжественно, закинув руки назад и принимаясь расхаживать по мастерской.

- Борисов совершенно прав, - сказал с живым участием Петровский, -

падать духом и примиряться, как вы говорите, с вашей долей - решительно незачем. Вы можете оставить свою должность, не нанося вреда ни себе, ни семье своей. Борисов передал вам свой план, я предлагаю со своей стороны также свой: с завтрашнего же дня вы подаете в отставку и переезжаете к нам в мастерскую. Мастерская нам ничего не стоит, и потому вы можете принять наше предложение без возражений. Что ж касается до денег, которые вы должны посылать родным, - можете быть покойны. У меня отбою нет от разных чиновников, которые просят портретов жен и дочек. Сделать портрет карандашом, - для вас сущий вздор. Я вам передаю свою практику. Ни я, ни Борисов не пострадаем от этого. Я пишу программу, - как видите, - и мне некогда; у Борисова свои заказы. Вы, я уверен, столько любите искусство, что не увлечетесь деньгами и не сделаете из портретов чиновничьих жен и дочерей своей специальности... У вас, следовательно, явится не сто рублей, а гораздо больше...

- Браво, Петровский, браво!..- закричал Борисов, хлопая в ладоши и подпрыгивая в воздухе.- Браво! Ну, что, Андреев, а? - попался, голубчик!..

- Итак, - перебил Петровский, - завтра утром вы переезжаете к нам?

Молния радости блеснула в глазах Андреева; но он вспомнил Катю и замялся.

- Нет, я не могу этого сделать,- произнес он, потупляя голову и краснея до ушей.

- Фу-ты, пропасть! Это из рук вон!- воскликнул Борисов, махнув рукой.

- Что ж вам мешает? - спросил Петровский.

- Я вам после расскажу, - отвечал Андреев, - но только, ради бога, не спрашивайте меня...

- В таком случае, дайте мне честное слово, что исполните в точности то, о чем попрошу вас, - произнес Петровский,- тут нет решительно ничего, чего бы вы не могли исполнить.

Борисов насторожил уши.

- Даю вам честное слово!- сказал Андреев, горячо пожимая руку художника.

- Вы должны ходить в академические классы.

- Петровский, целую тебе руки и ноги!- вскричал Борисов.- Да, вы должны ходить в классы, - заключил он, грозно подбегая к Андрееву.

- Служба ваша от этого нимало не пострадает,- продолжал Петровский, - а между тем вы будете идти вперед и усовершенствуетесь в рисунке; классы, как вам известно, от пяти до семи часов вечера.

- Неужели вы думаете, что я давно бы этого не сделал, если б только удалось мне прежде попасть между вами обоими, - отвечал Андреев. -

Меня брало всегда раздумье,- я не доверял себе... До сих пор я жил в Петербурге, как в лесу, - один, и с каждым днем более и более падал духом.

- Итак, дело кончено!- торжественно произнес Борисов, негодование которого обратилось тотчас же в нежность.- Вы наш! Петровский! Обними нового товарища!..

- Ну, Андреев, когда же в классы? - весело спросил Петровский.

- Как, когда?.. Разумеется, завтра же!..- перебил Борисов. - Утром возьмет билет, запишется в конторе, отобедаем вместе, а вечером все трое отправимся в классы.

- Завтра невозможно...- отвечал с явной неловкостью Андреев.

- Как! Отчего?..

- У меня денег нет... то есть покуда... а впрочем, через восемь дней я получу жалованье... и... тогда...

- Но ведь вы получаете пятьсот рублей всего,- произнес Петровский. - Сто должны посылать домой, останется четыреста... Сколько же вам придется получить в месяц?..

- Тридцать три с полтиной...

- Ну, хорошо; вы возьмете билет, - он стоит тридцать рублей, - на житье останется, следовательно, в будущий месяц, всего три рубля!.. Вот прекрасно! А карандаши, а бумага? - сказал Борисов, горячась и не обращая внимания на Петровского, который делал ему знаки за головой Андреева. - Нет, я этого не допущу! Да, наконец, и невозможно; этак вы, пожалуй, никогда и не дождетесь академии...

- Я возьму переписывать на дом бумаги и сяду на ячменный кофе,- отвечал Андреев, стараясь улыбнуться.- Есть теперь у меня славный случай: приехал один помещик и ищет писца... Через две недели, много-много через три, я буду в классах...

Петровский и Борисов перемигнулись и замолчали. На этом дело покончилось.

Андреев вернулся домой спокойнее и веселее. Мысль о помещике, искавшем писца, так неожиданно и счастливо мелькнувшая в голове его, не давала ему покоя. На другой же день он принялся отыскивать случая, чтобы осуществить по возможности счастливую импровизацию. Чай и сахар были немедленно запрятаны в самую глубину шкапа, к совершенному отчаянию Кати, которая не могла надивиться такому перевороту. Их заменил мед из лавочки и ячменный кофе, - благодетельный ячменный кофе, частый гость чердачков и крошечных конурок под кровлей, верный друг, спасший в свое время многих из нас от голодной смерти! В деле Андреева ячменный кофе оказался, как и всегда, надежнее всяких обещаний, уверений и готовностей достать работу.

Прошла неделя, - и все-таки не представлялось никакого случая для переписывания; приезжий помещик решительно не хотел осуществиться на деле и с каждым днем затеривался более и более в каком-то тумане. Андреев не на шутку начинал беспокоиться. Отказаться от академических классов и ждать, пока экономия, с содействием ячменного кофе, даст ему сорок или пятьдесят рублей, - казалось уже теперь Андрееву жестокой мерой.

Но беспокойство Андреева ровно еще ничего не значило перед беспокойством и суетами Борисова. Нужен был весь спокойный, здравый смысл Петровского, чтобы охлаждать Борисова, который подбегал к нему каждые пять минут с новым планом или проектом для освобождения Андреева от переписывания и ячменного кофе. "Ну, что помещик? Как идет переписывание?.." - нетерпеливо спрашивал Борисов каждый раз, как встречался с Андреевым. "Пишу, пишу, - отвечал тот,- да как-то медленно... Дело помещика тянется: на мою долю достается всего по три листа в день..." - "Эх, плохо, черт возьми, плохо... И что, право, за охота этим чиновникам так долго тянуть производство дела..." - отвечал обыкновенно Борисов, потрясая своей головой, причем реденькие и мягкие его волосы становились торчмя и волновались, как сухая трава от ветра. "Нельзя ли как-нибудь этак... эх..." - заключал художник.

Тут он щурился, искоса поглядывал на Андреева, потом на Петровского и отходил в сторону, свирепо потирая руки.

В одно прекрасное утро Борисов, долго рывшись в своем углу, вынырнул наконец из-за картины Петровского, таща под мышкой огромный сверток. Праздничный вид сиял по всей его наружности. На нем было его рыженькое неизменное пальто; фуражка с ободранным козырьком покрывала голову. На шее красовался, к совершенному изумлению Петровского, красный фуляр.

- Куда ты? - спросил Петровский, оглядывая его с головы до ног.

- В этюдный класс...- пробормотал несвязно Борисов, стараясь отвернуться как можно скорее к двери.

Спустя два часа, Борисов вернулся в мастерскую. Свертка уже не было в руках его. Он снял пальто и начал вертеться вокруг Петровского, переминаясь с ноги на ногу.

- Ты, Борисов, верно, что-нибудь да напроказил? - спросил Петровский, ставя на табурет палитру и кисти и устремляя на приятеля черные глаза свои.

Вместо ответа, Борисов вынул из кармана сорок рублей и рассказал ему какую-то плачевную, но, вместе с тем, очень фантастическую и запутанную историю о настойчивом покупателе, от которого нельзя будто бы было отделаться, прибавив в скобках, что деньги могут пригодиться на билет Андрееву. На поверку, к вечеру, оказалось, что он продал в Перинной линии Гостиного двора, в картинной лавке, два залежавшиеся пейзажа собственного изделия.

Дня два после этого в мастерскую явился Андреев, решившийся наконец возложить окончательно все свои надежды на ячменный кофе и потому не очень веселый. Борисов и Петровский, как каждый легко себе представит, не долго оставили его в таком расположении духа.

- Вот, - сказал Петровский, подавая ему академический билет, - возьмите, Андреев; случай доставил мне его от профессора... Он ничего не стоит...- прибавил Петровский, взглянув на Борисова, который рылся суетливо в каких-то бумагах. - Карандашей и бумаги покупать незачем, - берите покуда у меня; вам, следовательно, остается только сходить в контору, объявить ваш адрес, - и делу конец. Обедайте сегодня с нами, чем бог послал, - а вечером отправимся в классы. Сегодня, к счастью, дежурит в классах профессор, который более других восхищался вашими рисунками, и вы смело можете надеяться сесть прямо в гипсовые фигуры...

Предсказания Петровского сбылись даже сверх ожидания. Вечером, когда Андреев вошел в классы, сопровождаемый двумя приятелями, их тотчас же окружила толпа любопытных. Слух об эскизах и рисунках Андреева успел уже распространиться по академии: рисовальные книги его, переходя от одного профессора к другому, перебывали в руках учеников, которые, в свою очередь, обегали с ними все мастерские. Каждый наперерыв старался протиснуться вперед, чтобы познакомиться с Андреевым. Вахрушев, Сидоренко и Чибезов кричали громче всех; они первые подбежали к Андрееву, засыпали его восторженными похвалами и уже трепали его по плечу, как старые друзья и приятели. Появление его производило решительный эффект. Вскоре оно распространилось по классам. Каждый хотел видеть новое лицо; даже те, которые не слыхали об Андрееве, бросали карандаши и спешили, подстрекаемые всеобщим любопытством, навстречу новому товарищу, - так что, когда Петровский представил Андреева профессору и тот повел его в гипсовый класс, - огромная толпа, прибывшая со всех концов, повалила за ними шумной вереницей. Борисов ликовал, торжествовал, как будто его самого венчали в это время лаврами в Капитолии.

Успех Андреева, казалось, выразил будущее его академическое поприще. Не прошло и трех месяцев, как уже все, начиная с профессоров и кончая учениками, признали в нем единодушно талант, выходивший из ряду обыкновенных. В продолжение этого времени, Андреев подавал каждый месячный экзамен, кроме рисунка, несколько эскизов, которые сряду удостоились первых нумеров. Это обстоятельство охладило несколько к Андрееву приязненные отношения Вахрушева и Сидоренки. Хотя по-прежнему они и продолжали трепать его дружески по плечу, обнаруживая перед ним самое закадычное запанибратство, но тем не менее, оставаясь промеж своих, значительно пожимали плечами и делали разные заключения о дружбе Петровского с Андреевым, относя успехи Андреева к сотрудничеству Петровского. Но слухи эти не могли найти отголоска - как недоносок или урод, они умирали тотчас же после своего рождения. Андреев, предупрежденный Петровским и Борисовым, блистательно опровергал каждый вечер, в виду всех, маленькие сплетни, пущенные с утра Сидоренком и всеми вообще Вахрушевыми.

Но сколько был счастлив и доволен Андреев своим положением в академии, столько же, казалось, неприятного готовилось ему каждый раз, когда он возвращался домой. Катя как будто заключила тайное условие мучить его и не давать ему покоя. С той минуты, как Андреев рассказал ей свои успехи, думая, наконец, возбудить в ней если не сочувствие, то, по крайней мере, терпимость к его занятиям, - академия, искусство и все художники безусловно сделались окончательно смертельными ее врагами.

Первый пыл любви давно уже угас в ее сердце; оставалась одна лишь привычка. Чувство это, заключающее в себе столько прелести и поэзии между людьми с развитым сердцем, редко бывает понятно таким женщинам, какова была Катя. Им доступна одна только страсть и вообще крайние чувства. Страсть, если только западает в сердце такой женщины, охватывает ее всю, развивает в ней мгновенно тысячу тончайших чувств и инстинктов; она отдается вся с полным доверием и любит, может быть, сильнее всякой другой. Но стоит только пройти порыву, и вся мелочность души и сердца, подавленная на время, выплывает снова наружу. Жизнь вдвоем, обратившаяся уже в привычку, дает ей на каждом шагу повод к бесчисленному множеству маленьких ядовитых сцен; отсутствие деликатности и тонкого чувства заставляет ее пользоваться всяким случаем, чтобы присвоивать себе разные материальные права домашнего управления, человек в ее сердце становится уже какой-то положительной собственностью, и жизнь обращается в беспрерывную тиранию. Вообще можно сказать, что взаимные отношения между мужчиной и женщиной делаются ясными тогда только, когда страсть сменилась привычкой; привычка в этом случае - пробный камень истинных привязанностей, душевного сродства и симпатии.

Итак, Катя не переставала надоедать Андрееву. Ей досадно было видеть, что между ней и им поместилось какое-то третье существо, - академия, - которое привязывало его столько же, сколько она сама. Она принялась ревновать его к Петровскому, карандашам и рисункам. Ненависть к Борисову, с которым случайно встретилась она как-то раз у

Андреева, давала повод к бесчисленным ссорам. Она осыпала Андреева упреками. Каждый раз, как он, засидевшись в классах или у товарищей, приходил поздно домой, Катя находила особенное удовольствие дразнить его, рассказывая, как провела она день у знакомых Левицкой. Светлые минуты в комнате под кровлей становились реже и реже.

Мало-помалу Андреев стал замечать перемену в Кате. Она вдруг сделалась задумчивее и покойнее. Спокойствие это, при ее характере, не предвещало ему ничего доброго. В последнее время, Андреев также далеко не был влюблен в Катю, но при мысли об измене или о потере Кати сердце его невольно обливалось кровью и чувства его как бы с новой силой пробуждались к девушке. Обращение Кати, переставшей надоедать ему, сделавшейся равнодушной к его занятиям, даже оставившей в покое Борисова, - все давало ему чувствовать, сколько она к нему охладела. Вскоре ко всем этим неприятностям присоединились еще и другие.

Крестный отец пронюхал каким-то образом связь "облагодетельствованного" им крестника с академией. Этого уже было довольно, чтобы вооружить его против молодого человека. Люди, сосредоточившие в продолжение многих лет всю свою умственную и жизненную деятельность на столе, покрытом бумагами и чернильными пятнами, вообще смотрят всегда как-то недоброжелательно на художников. Артист в их понятиях осуществляет тип праздности и тунеядства. В продолжение этих трех месяцев, Андреев, спешивший окончить к экзамену свои эскизы, не явился несколько дней сряду в должность. По этому случаю крестный отец, старавшийся прежде отдалять по возможности родственные отношения между собой и крестником, вдруг, ни с того ни с сего, как будто муха какая его ужалила, вооружился всеми правами старого друга отца Андреева и благодетеля его семейства.

Попав раз на этого конька, он не нашел ничего лучшего, как осыпать его упреками в неблагодарности, представляя ему бедственное состояние обманутых родителей, возложивших на единственного сына все свои надежды. Иногда нравоучения крестного отца, доходившие до трогательного пафоса, когда он был не в духе, переменяли тон и обращались в язвительные шуточки, когда ему было весело. И он трунил, трунил до пота лица над крестником перед подчиненными, которые, в свою очередь, обрадовавшись случаю сделать угодное своему начальнику, трунили над товарищем вперегонку, - кто лучше.

У всех женатых людей, не имеющих детей и доживших уже до известного возраста, те же почти наклонности, что у старых дев. Как ни черствеет сердце тех и других от недостатка живительного чувства, однако ж, в их груди все-таки остается что-то похожее на высохший стручок. В этом стручке шевелятся обыкновенно два чувства: любовь к болонкам и моськам и тайная, досадливая ненависть ко всему, что молодо и порывается к жизни. Моська крестного отца Андреева была его собственная жена, к кому же было обратить другое чувство, как не к родному, облагодетельствованному крестнику, в глазах которого светилось столько огня и одушевления?..

Все это способствовало, однако ж, тому, что Андреев, раздосадованный в домашней своей жизни, с большей еще страстью привязался к академии и искусству. Он решился сбросить с себя, раз навсегда, все ребяческие, юношеские побуждения и укрепиться волей и рассудком возмужалого человека, понимающего здраво, ясно свое положение. Приняв такое намерение, он решился молча сносить капризы и выходки Кати, точно так же, как поучительные наставления крестного отца; дал себе клятву являться в должность исправнее всякого другого, остальное время посвящать любимому искусству, работать и трудиться, а будущее - предоставить воле провидения... Так прошло несколько времени, единственного, может быть, счастливого времени в жизни Андреева, пока, наконец, один случай не поколебал в основании благородную его решимость.

Он сидел однажды вечером в классе. Месячный экзамен только что кончился; работающих было очень мало. На темных ступенях, расположенных амфитеатром с середины залы почти до потолка, мелькало вразброс каких-нибудь двадцать голов, наклоненных на папки, куда устремлялся яркий свет ламп, прикрытых жестяными колпаками. В классе царствовала тишина не совсем обыденная. Изредка лишь скрип карандаша или шелест бумаги прерывался тихим говором или отрывчатым восклицанием.

Андреев сидел на самой верхней ступени, прямо против группы двух натурщиков, освещенной сверху и ярко блистающей на темно-красной стене, составлявшей фасад амфитеатра. Он усердно чертил на бумаге и, казалось, весь предан был своей работе. Внезапно рука его остановилась; он отодвинул нетерпеливо папку и нагнулся через перила. Окинув быстрым взглядом амфитеатр, глаза его остановились на Вахрушеве и еще каком-то художнике с длинными волосами, лежавшими как щепки на воротнике и плечах блузы. Оба они сидели от него наискось и говорили вполголоса. Андреев затаил дыхание и стал вслушиваться.

- Может ли быть? - говорил длинноволосый художник.

- Ей-богу!.. - отвечал Вахрушев.

- Когда же это было?

- Две недели тому назад.

- Как же ты с ней познакомился?

- Видишь ли ты: у меня есть один приятель,- золотопромышленник, недавно приехавший из Сибири,- бочка золота!- отвечал "Вандик", самодовольно покручивая усы, - он рекомендовал меня одной даме, то есть даме, гм! понимаешь... m-me Левицкой и просил написать с нее портрет (сущая, брат, Клеопатра); я там познакомился с ней... Я тебе говорю, прелесть что за девочка! Глаза черные-черные... как владимирская вишня, так вот и прыщут страстью! Кипяток! Сухенькая, нервная (ты знаешь, я люблю таких), зовут ее Катя... Екатерина Андреевна; то есть, я тебе говорю, - восхитительная девочка... Какие формы, какие ножки, - объедение! Я с нее непременно напишу вакханку!..

- Ну, брат, погоди еще, - перебил волосатый художник, - скоро больно хочешь...

- Вот славно!- произнес Вахрушев, - давай пари!.. Чего тут скоро,- не далее, как вчера вечером, я проводил ее до дому...

- Где же она живет?

- Чертовски, брат, далеко,- на Новых местах!..

Андреев не дослушал Вахрушева и выбежал из академии. Какое действие произвел на него разговор двух художников, - предоставляю судить тем, кто когда-нибудь любил с истинной страстью. Чья взаимная любовь проходила ровно и постепенно, тот не может себе представить, как страшно потрясает внезапный, неожиданный удар. Часто до такой минуты живешь в неведении счастливом и сам не знаешь, да и не заботишься знать, любишь ли еще или нет. Кажется даже иной раз, как будто перестал вовсе любить. А между тем, когда настигнет один из тех неожиданных случаев, о которых здесь идет речь, и ясно, в первый раз, может статься, заглянешь к себе в сердце, - поймешь, подобно Андрееву, как много еще было в нем любви и привязанности к любимой женщине.

По мере того, однако ж, как Андреев приближался к дому, злоба и ревность, раздиравшие на части его сердце, постепенно сменялись немым отчаянием. Он чувствовал, как силы покидали его; несмотря на все усилия сохранить хоть по крайней мере наружное спокойствие, - он изменял себе на каждом шагу; часто, не успев обойти прохожего, он должен был повернуться к нему спиной, чтобы утереть украдкой слезу. Поднявшись к себе на лестницу, Андреев остановился в нерешительности против двери. Катя могла быть в его комнате... При этой мысли сердце его застучало сильнее прежнего.

Наконец он отворил дверь и прямо очутился против Кати, которая расхаживала взад и вперед по комнате, напевая какую-то веселую песню. Андреев остановился и не мог произнести ни слова; ноги его тряслись как в лихорадке; он чувствовал, что побледнел как полотно. Катя едва взглянула на него, подошла к окну и притворно засмеялась. Андреев не в

64

силах был долее владеть собой; он бросился к ней, судорожно схватил ее за руку и произнес дрожащим от бешенства голосом:

- Где ты была вчера?..

- Вы с ума сошли!- вскричала Катя, вырвав руки.- Что вам от меня надо? Чего вы хотите?.. Я пришла сюда за работой, которую оставила вчера, а вовсе не к вам...

Задыхаясь от бешенства, Андреев снова подбежал к ней, но в эту самую минуту кто-то сильно застучал в дверь.

- Опять ваши проклятые художники!..- с досадой прошептала Катя, видимо очень довольная, потому что не на шутку начинала пугаться Андреева.- Вы меня нисколько ни жалеете, - заключила она притворно обиженным тоном, - хотите, чтоб все срамили меня...

Стук в дверях прервал ее, она бросилась за ширмы. Андреев не успел подойти к двери, как она отворилась настежь и в комнату вошел его крестный отец.

Это был человек апоплексического свойства, наглого вида, грязный, толстый, с лысиной и серьгами в ушах. Он медленно снял шляпу, оглянул комнату, отдулся и. обратив к Андрееву багровое лицо свое, покрытое красными и синими жилками, произнес хрипливо:

- А я, батюшка, пришел, уф! уф!- пришел объясниться с тобой.

Тут только Андреев пристально посмотрел на толстяка и заметил, что он был краснее обыкновенного.

- Что вам угодно?..- спросил смущенным голосом Андреев, бросая робкий взгляд на ширмы.

- Как что угодно! Я думаю, сам знаешь, спрашивать, кажется, нечего...

Андреев хотел подать ему кресло, стоявшее спиной к ширмам, но глаза его упали прямо на шляпу Кати, забытую на дне кресел, и он поспешил подать стул.

- Не в этом дело, любезный, - сказал крестный отец, отталкивая стул, - я получил письмо от твоего отца... Скажи, пожалуйста, батюшка, ты не на шутку вбил себе в голову, что ты художник и можешь шаламберничать?.. - продолжал крестный отец, закидывая толстые руки за жирную, спину. - Да покажи мне, наконец, - прибавил он с возрастающим азартом, - покажи мне этих мерзавцев, которые подбивают тебя заниматься всяким вздором и бросать дело... покажи мне их!..

- Прошу вас никого не упрекать,-отвечал отрывисто Андреев,- меня никто ни к чему не подбивает... Если я делаю что-нибудь, так сам от себя, по собственному произволу...

- Что? - вскричал апоплексический господин, багровея как клюква,- что-о-о?.. ах, ты, мальчишка! Вздумал еще учить меня!.. Я тебе благодетельствовал, дал тебе кусок хлеба, а ты еще грубиянить вздумал...

Да знаешь ли, что твой отец Христом-богом просил меня о твоем определении; а ты, вместо того, чтобы благодарить да чувствовать, что для тебя сделали, связался с какими-то мерзавцами, да только баклуши бьешь!.. Тебе, верно, нипочем, что у семьи вряд ли есть кусок хлеба... Ты шаламберничать хочешь... То-то, я расспрашивал у дворника: и красотки разные повадились ходить к тебе,- денег, знать, у тебя много... э! э! да вона, вона...- произнес он с каким-то радостным азартом, указывая на шляпу,- одна мерзавка и то здесь... Что притаилась, голубушка, - выходи!- прибавил он, делая шаг к ширмам.

- Не подходите!..- закричал Андреев, отуманенный бешенством.

- Как! Ах, ты, негодяй!- крикнул было толстяк, но взглянул на бледное, дрожащее лицо Андреева и невольно отступил к двери.

- Ах, ты, разбойник! разбойник!- продолжал толстяк, взявшись за ручку замка и отступая в сени. - Погоди ж, голубчик, я тебе это припомню!..

Андреев захлопнул дверь и как сумасшедший бросился за ширмы. Но Катя уже предупредила его. Она стояла посреди комнаты и торопливо надевала платок. Щеки ее горели, глаза сверкали неподдельной злобой. Движение руки ее, завязывавшей бант шляпки, казалось, довершило отчаяние Андреева. Рыдание вырвалось из груди его; он бросился к девушке, но та как кошка вывернулась из рук его и подбежала к двери.

- Катя!- крикнул Андреев, - выслушай меня, ради бога... хоть одно слово...

- Что мне ваши слова!- произнесла она, делая нетерпеливое движение головой. - Пожалуйста, не притворяйтесь таким отчаянным, - я знаю, вам все равно... Надеюсь, однако ж, все теперь между нами кончено. Здесь всякий будет приходить оскорблять меня... а я должна молчать... Слышите ли,- все кончено между нами... ноги моей не будет у вас после этого!..

- Катя! Катя!- закричал Андреев, протягивая к ней руки.

- Ничего не хочу, ничего! ничего!..- отвечала она, отворачиваясь. - Мне уже давно надоела такая жизнь, - продолжала она, взявшись за ручку двери, - ступайте к художникам, - я сама теперь, слава богу, кое-что понимаю, вижу, как вы мной пренебрегаете... ну, да что об этом,- прощайте!.. прощайте, - будьте счастливы!..- заключила она, выходя на лестницу и хлопнув дверью.

Андреев опустил голову, закрыл лицо руками и, рыдая, бросился на диван.

VIII

СЕСТРА

На другой день Андреев не пошел в должность. Утро целое просидел он за письмом Кате. Вечером того же дня Варвара Гавриловна возвратила ему письмо: оно было не распечатано. Так повторилось несколько дней сряду, пока, наконец, Варвара Гавриловна не объявила Андрееву, что Катя уехала гостить к Левицкой. Через неделю, Андрееву незачем уже было ходить в должность. Ему отказали от места. Раздумывать было нечего. Андреев отправился следом в академию и рассказал Петровскому обо всем слупившемся. Рассказ произвел два последствия: Петровский настоятельно потребовал, чтобы Андреев переехал немедленно к нему; Борисов бросился к Андрееву на шею и чуть не задушил его от радости.

Тяжелая тоска невольно овладела сердцем Андреева, когда вынесли постепенно, одну за одной, мебель, и он остался один посреди опустелой комнаты, в которой провел три года своей юности. Человеку, глубоко чувствующему, никогда не бывает легко расстаться с привычным жилищем; кажется, как будто покидаешь что-то родное и близкое сердцу. Легче сродниться с закоптелыми четырьмя стенами, чем с великолепными чертогами или природой. Тут рассеивается всякое чувство, - там все сосредоточивается между этими четырьмя стенами, свидетельницами самых сокровенных тайн нашей частной, задушевной жизни и часто единственными друзьями нашими...

Еще грустней стало Андрееву, еще неотвязчивей заныло его сердце, когда, очутившись на дворе, он взглянул в последний раз на окно Кати. Угол занавески уже не приподнялся, как прежде. Занавеску даже вовсе сняли. На подоконнике, вместо двух горшков бальзамина и герани, подымалась целая груда тряпья и домашней рухляди. Подавленный тоской, он покинул двор и, взвалив на плечи свой узелок, медленным шагом направился на Васильевский остров.

Несмотря на все старания Петровского и Борисова, впечатления, испытанные Андреевым, так глубоко потрясли его душу, что он не мог скоро забыть их. Мало-помалу, однако ж, усиленная работа и успехи, которые день ото дня обращали на себя всеобщее внимание, рассеяли Андреева. Этому также способствовал блистательный переход его из гипсового класса в "натурный". Переход этот составляет чуть ли не главную эпоху в жизни художника. Тут уже карандаш сменяется кистью, бумага - полотном, раскрывается обольстительный мир цветов и красок, -

и природа - гордая, недоступная красавица для робкого и незрелого художника, - тронутая наконец настойчивым, упорным преследованием, протягивает ему в первый раз свою руку.

Андреев принялся за работу со всей страстью и увлечением, понятным только истинному художнику, - художнику по призванию. Петровский, получивший первую золотую медаль, поставивший на выставку программу, возбудившую всеобщее восхищение, не пропускал ни одного натурного класса; признанный всеми за даровитейшего художника академии между молодежью, удостоившийся быть отправленным на казенный счет в Италию, - Петровский не отрывался ни на минуту от работы, спал пять часов в сутки, просиживал целые дни в академической библиотеке, перелистывая художественные книги и эстампы... Пример такой любви к искусству увлекал еще сильнее Андреева. Портреты с чиновничьих жен и дочек отрывали его иногда от занятий, но он не пенял на это. Согласно желаниям папенек и маменек, он сглаживал ловкой рукой грубые черты нежно любимых чад, обращал тупые или немилосердно заостренные носы в римские и греческие, не щадил румян на зелено-желтоватые щеки и был счастлив бог знает как, когда отправил домой первые сто рублей, заработанные карандашом и кистью.

Кроме этих денег, Андрееву покуда не нужно было других. Петровский открыл ему безграничный кредит в красочной лавке: краски, кисти, полотно доставлялись ему в изобилии, - работай только! И Андреев работал и работал, во сколько хватало сил. К концу года он стал на первом плане. Годичный экзамен приближался, и вся академия, упираясь на слова профессоров, единодушно утверждала, что первая серебряная медаль за рисунок достанется Андрееву. Борисов, прибежавший впопыхах как-то утром, первый сообщил ему эти слухи.

- Да это еще не все!- заключил художник, подпрыгивая перед Андреевым, - есть у меня еще одна штука, которая тоже не будет тебе менее приятна; ну, как ты думаешь, что бы это такое было?.. угадай!..

И, спрятав руки за спину, Борисов принялся отступать от Андреева, не отрывая от него узеньких, смеющихся глаз своих.

- Ей-богу не знаю!- отвечал Андреев.

Но в эту минуту Петровский, подкравшись к Борисову, дернул его за руку. На пол упало письмо.

- Письмо от сестры? - закричал Борисов, подавая его Андрееву, - я узнал его по почерку.

Андреев схватил письмо, прочел надпись на конверте, радостно сломал печать и принялся читать.

Оба товарища подсели к нему и, устремив на него нетерпеливые взгляды, казалось, хотели узнать заранее, что говорило письмо. После рассказов Андреева о своем детстве, дополненных Петровскому и Борисову во время житья вместе,- оба художника принимали каждую весть о сестре его с живейшим участием. Но радостно-нетерпеливое выражение на их лицах понемногу сменилось тревожным и беспокойным. Лицо Андреева внезапно омрачилось. Он повернул дрожащей рукой страницу и опустил голову.

- Что она пишет? - спросили в одно время художники.

- Прочтите!- отвечал Андреев, подавая письмо Петровскому и обращая на двух товарищей бледное лицо свое, исполосованное слезами.

Петровский прочел следующее:

"Добрый брат и друг! Ты не перестаешь уверять меня, что переменился! В каждом письме твоем я встречаю следующую фразу: "С каждым днем чувствую, как отрезвляюсь от всех ребяческих помыслов и мечтаний; ты не узнаешь меня, сестра, - я уже смотрю на жизнь положительно, как подобает человеку в мои лета и особенно в моем положении..." Никогда, быть может, не представится тебе случая доказать свое благоразумие, как теперь. Докажи же мне на деле, что ты не ребенок, и, мне кажется, я буду тогда любить тебя еще сильнее, - если это только возможно. Слушай: нас всех постигло... большое несчастие... Страшно сказать, что случилось: отец наш по какому-то важному делу лишился своего места!.. Никто еще не знает, чем дело это может для него кончиться. Все мы в горе. Отец не вынес удара: он слег в постель, и, если верить нашему лекарю,- очень опасен. Не стану утешать тебя, - это ни к чему не ведет. Прочитав письмо до конца, ты увидишь, что много отчаиваться еще незачем. Впереди не так туманно, как можно ожидать. Собери все твое внимание и слушай. Ты понимаешь, что мы не можем оставаться в настоящем положении. У отца, как тебе известно, нет никакого состояния, кроме нашего полуобвалившегося домика. Мы жили одним его жалованием. Много, много, если месяц еще можем прожить без посторонней помощи. Твои сто рублей то же теперь, что капля в море, и значат разве что-нибудь для одной меня, да и то в другом смысле: каждый рубль твой - целое сокровище для меня; мне жаль тратить эти деньги, как будто они присылаются на память; но мать, отец и сестры иначе смотрят. Им нужны средства, положительные средства... Теперь скажу тебе, что я придумала. Наперед прошу: не создавай себе, по обыкновению, тысячу воображаемых страстей и несчастий; не приписывай этому делу самопожертвование с моей стороны, не возмущай себя, бога ради, тем, что все это вынуждено, что я решаюсь на это с отчаянием в сердце и т. д.,- будь рассудителен, обдумай хорошенько, - словом, докажи, что ты не ребенок, пора бы, кажется!.. Вот в чем дело: ты знаешь, что еще четыре года тому назад Иван Петрович Куницын (помнишь, тот самый, у которого три дома,- один еще такой хорошенький, на самом берегу реки) просил руки моей. Тогда я ребячилась и не хотела идти за него, несмотря, что тяжело было мне жить в собственном доме. Не думай, однако ж, чтоб и тогда был он мне очень не по сердцу, но в то время я была еще слишком молода и довольно было пятидесяти лет Куницына, чтобы я от него отказалась. Теперь я сужу иначе. К тому же я разузнала кое-что о нем: он человек добрый. Говорят, будто он скуп,- но что мне до этого, я не мотовка, не прихотлива, - ты это знаешь. Главное в том, что Иван Петрович обещает пристроить все наше семейство в случае, если я буду его женой. Я с радостью отдаю ему свою руку. Надо же когда-нибудь этим кончить. Можешь судить по сестрам, что значит остаться в девушках. Обстоятельства наши, как видишь, не так еще плохи. Я даже надеюсь избавить тебя от этих несчастных ста рублей, которые тебе так нужны в Петербурге. Да, я счастлива, дружок, когда думаю, что рассеяла страшную тучу, которая чуть было не разразилась грозой над бедной твоей головкой. В первую минуту нашего несчастья думали вытребовать тебя сюда и даже начали было довольно успешно хлопотать о твоем определении на какое-то вакантное место,-чуть ли даже не в здешнем почтамте, - как тебе это нравится! Но одного моего слова довольно было, чтобы разрушить такой блистательный план. Нужно тебе сказать, что с той минуты, как я дала обещание Ивану Петровичу, вся семья смотрит на меня другими глазами... Крестный отец не писал еще ни слова о твоей отставке; ты представить себе не можешь, с каким страхом смотрела я на каждое письмо, получаемое отцом. Вот, вот, думаю, пришло роковое известие... Но теперь, говорю тебе, я уже ничего не боюсь! Пусть пишет крестный отец свои жалобы, я защищу тебя, и мне поверят. Если б не грех было оторвать тебя, на время, от мольберта, я непременно потребовала бы, чтоб ты явился на мою свадьбу. Но, Христос с тобой, работай! Я так рада, что теперь, авось, ничто уже не помешает тебе. Ты представить себе не можешь, как восторженно бьется мое сердце, я представляю тебя сидящим в мастерской за картиной. Мне кажется, я тогда вполне счастлива. (Пожми крепко-крепко от меня руку Петровскому и Борисову; если б у меня было после тебя еще два брата, я не любила бы их более.) Итак, видишь, дружок, что обстоятельства не так дурны, как можно было ожидать. Не будь Ивана Петровича, и бог весть, чем бы все это кончилось, особенно для тебя. Ты был бы истинно несчастлив, тогда как я... э! да что говорить обо мне!.. Подумай только, какая разница между тем, что сделал бы ты, приехав сюда, и тем, что я теперь делаю. С твоей стороны было бы самопожертвование с горьким сознанием верной погибели; перед тобой блестящая будущность, слава, деньги, а я-то? суди сам: бедная девушка,

70

вся будущность которой должна заключаться в жалком, тесном кругу, посреди таких же, как я, бедных родителей, слышать охи и жалобы матери, вечное ворчание не очень любезных сестриц... Скажи сам, не завиднее ли будет предстоящая доля и не должна ли я ей радоваться! Не жалей же меня по-пустому, не приходи в отчаяние. Работай, работай! Не падай духом, не унывай! Вот о чем просит тебя твоя сестра. Во всем этом одно только горе: когда-то приведется нам свидеться?.. Прощай, брат и друг, прощай! Пиши мне скорее; ты стал что-то лениться. Не трать целого часа на письмо, я не требую такой жертвы. Возьми просто лист бумаги (только побольше) и каждый день приписывай мне по нескольку строчек, да пиши подробнее о самом себе, что делаешь, как живешь; о Петербурге и петербургских новостях я знать не хочу. Советую тебе также написать отцу, это порадует больного. Не говори ему только ни слова об академии; предоставь это мне, - я обделаю лучше дело. Объяснения живым голосом, с глазу на глаз, убеждают лучше всякого письма. Прощай еще раз! Дай тебя обнять крепко, крепко... ну, теперь хорошо, поцелуй меня еще раз. Твоя сестра и друг.

"PS. У меня еще просьба: пришли мне свой портрет. Не прошу теперь,- теперь, я знаю, ты занят,- но когда кончится экзамен. Попроси об этом кого-нибудь из товарищей. Портрет, который ты нарисовал с себя когда-то с зеркала, вовсе меня не удовлетворяет, хотя гляжу на него по сто раз в день. Прошу тем настойчивее, что в эти четыре года, сам ты говоришь, много переменился, особенно нравственно..."

Чтение письма произвело три различные действия на трех художников. Андреев, бледный, расстроенный, ходил взад и вперед по мастерской, обнаруживая все признаки глубокого отчаяния. Борисов сидел на прежнем своем месте и не переставал как-то неловко щуриться, как будто смотрел на солнце. Петровский стоял с письмом в руках, подняв кверху кудрявую свою голову; восторг сиял в его черных глазах, и резкие черты бледного лица его отражали воодушевление.

- Ну, что вы на это скажете? - воскликнул Андреев, отчаянно всплеснув руками.

- Скажу, что таких женщин, таких благородных созданий, как сестра твоя, не много на свете!- восторженно отвечал Петровский.

- Какая женщина, это... это ангел, ангел, а не женщина!- закричал Борисов, вскакивая с места и потрясая в воздухе руками.- Послушай, Андреев... на будущий год тебе верно зададут программу, ты ее кончишь, поедешь домой и возьмешь меня с собой... я хочу видеть твою сестру!..

- Скажу, кроме того, - продолжал Петровский, - что она в тысячу раз умнее и благоразумнее тебя! Полно ломать руки и приходить в отчаяние, ты должен во всем ее слушаться...

- Как! И ты можешь думать, что я приму такую жертву с ее стороны?..

- Ты можешь судить по тону ее письма, что она совсем не так несчастлива... Наконец она довольно ясно, кажется, говорит тебе, что жертвы нет ровно никакой...

- И ты веришь этому!- вскричал Андреев.- Да знаешь ли, что этот господин Куницын негодяй, мерзавец первой руки, накравший себе состояние самыми подлыми поступками. И она... она, сестра моя, умная, воспитанная, с возвышенной душой, будет его женой... и все это ради меня и спасения моего семейства, - возможно ли это дело!.. Меня в отчаяние приводит только то, что я могу опоздать...

- Что ж ты хочешь делать? - спросили оба художника.

- Разумеется, еду туда... Кто знает еще, что ожидает меня здесь...

- Как, что ты? - вскричали в один голос Петровский и Борисов,- образумься, тебе ли не надеяться на себя, слава богу!.. Укажи нам человека во всей академии, который бы так блистательно подвигался вперед? Не забудь, Андреев, что много-много, если осталось еще потерпеть три года, и тогда твое семейство не будет знать, как благодарить тебя...

- Да и в эти три года сестра моя, вышед замуж за мерзавца и негодяя, успеет, может статься, зачахнуть с горя!

Петровский и Борисов принялись снова увещевать Андреева, призывая на помощь всю свою дружбу; - все было напрасно. Андреев ничего не слушал; он бросил кисти и стал готовиться в дорогу. Но, к счастью, за несколько дней до отъезда он получил от сестры вторичное письмо, в котором объявляла она ему, что уже вышла замуж.

Известие это страшно подействовало на Андреева. Сначала Петровский и Борисов не отходили от него ни на шаг, думая, что все это разрешится какой-нибудь опасной болезнью; все прошло, однако ж, благополучно. Через несколько дней Андреев принялся даже ходить в классы. Мало-помалу оба приятели стали замечать в нем большую перемену; карандаш его ходил как-то вяло и безжизненно по бумаге; сам он видимо худел; глаза его окружились темной, прозрачной каймой. В наружности его начало выказываться невнимание к самому себе, во всем, - в одежде, прическе, приемах. Он сделался молчалив, несообщителен, и редко удавалось приятелям вырвать у него слово. Часто заставали его сидящего неподвижно и погруженного в мрачную меланхолию. За несколько дней до экзамена Петровскому и Борисову показалось, как будто Андреев несколько оживился: он принялся деятельнее за работу. Искра вдохновения и прежней горячности снова как будто промелькнула на бледном лице его. День этот был для них истинным праздником. Оба решили в сердце, что успех, который ожидал Андреева, медаль и поощрения возвратят им прежнего товарища, и каждый, оставя его на время в покое, потирал себе руки, ожидая экзамена.

IX

САМОПОЖЕРТВОВАНИЕ

Вскоре, однако ж, Петровский и Борисов увидели, что сильно ошиблись в своих предположениях. Экзамен кончился, слухи, носившиеся в академии об Андрееве, оправдались даже сверх ожидания: он получил первый нумер и серебряную медаль; кроме этого, ему назначили программу и выдали вспомогательную сумму денег - и все это нимало не произвело на Андреева благодетельного действия, которого так нетерпеливо ожидали его приятели. Он, правда, принялся за работу; каждый вечер от пяти до семи часов являлся в классы, - но уже трудно было не заметить в нем какого-то охлаждения, - как будто работал он против собственной воли. Иногда по целому часу не сводил он глаз с одной точки, и вдруг потом, как бы спохватившись, быстро нагибался к папке; но минуту спустя рука его снова чертила рассеянно, и мысли видимо отвлекали его от занятий. Борисов приходил в совершенное отчаяние. Он не спускал глаз с Андреева и ухаживал за ним, как нянька. Раз как-то (это случилось месяца два после экзамена) Борисов невольно удвоил свое внимание.

Оба они сидели в натурном классе; резкий свет лампы, прикрытый белым колпаком, падал прямо на голову Андреева, так что Борисов, сидевший ступенью ниже, мог легко различать малейшее движение на лице товарища. Андреев показался ему еще бледнее обыкновенного; несмотря на это, во всех чертах его заметно было какое-то спокойствие, что-то строгое, схожее с выражением твердой, непоколебимой решимости. С самого начала класса он не дотронулся до карандаша и, скрестив на груди руки, медленно переносил задумчивые взгляды из одного конца залы в другой. Наконец, он неожиданно закрыл папку и принялся затягивать завязки с тем старанием, какое прикладывает гробовщик, завинчивая крышку гроба.

Движение это, сопровождаемое подавленным вздохом и слезой, внезапно блеснувшей на ресницах, не ускользнуло от Борисова. Мягкое сердце бедного художника сжалось от предчувствия чего-то недоброго. Он поспешно спрятал свои рисунки и вышел из класса, дав себе слово дождаться Андреева в коридоре и заговорить с ним. У ворот академии он остановил его.

- Ну, что, голубчик, какую группу поставил профессор?.. Много ты сделал сегодня?..- спросил Борисов, взяв Андреева под руку и стараясь принять свою обыденную, суетливо-смеющуюся физиономию.

- Нет, я сегодня ничего не делал,- отвечал тот, проводя ладонью по лицу, - ты знаешь, я смерть не люблю неоконченных работ, а так как эту вряд ли придется мне кончить, - я и не начинал.

- Вот славно!.. Такая чудная группа!.. Я тебя не понимаю...- перебил Борисов, изменяя своему голосу.

- Я ходил прощаться с академией, - присовокупил Андреев, судорожно пожимая ему руку.

Голос Андреева обдал холодом всю внутренность Борисова.

- Что ты говоришь?..- спросил он, останавливаясь, как пригвожденный на одном месте. - Помилуй, Андреев, что это ты с нами делаешь?..

- Пойдем домой... все узнаешь...

Борисов окончательно растерялся. Тысяча мыслей осадили слабую его голову. Он не знал, что сказать, что думать, и как шальной бежал вприструску за Андреевым.

Вскоре достигли они мастерской. Борисов бросился к Петровскому, который сидел против оконченной картины своей и радостно ее осматривал.

- Не верь ему, Петровский, не верь, - он с ума сошел!..- крикнул Борисов, задыхаясь на каждом слове и указывая на Андреева, который готовился что-то сказать. - Такой вздор несет, что просто уши вянут; говорит, что ходил нынче в классы, чтобы проститься с академией, что не думает, удастся ли ему окончить рисунок...

- Что ты говоришь? - весело спросил Петровский, приподымаясь с места и слегка удерживая Борисова рукой.

- Нет, Петровский, он говорит правду, - сказал Андреев. - Борисов ошибся в том только, что счел меня за сумасшедшего. Повторяю, я ходил нынче в классы, чтобы проститься с академией, и нынешний вечер будет последний, который я проведу с вами,- прибавил он, устремляя мокрые глаза свои на Петровского, потом на Борисова.

Слова эти и движение, которое их сопровождало, обледенили сердце обоих художников. Они были сказаны тем спокойным голосом, в котором явственно звучала решимость непреклонная и обдуманная.

- Что же все это значит?.. Что такое?..- вымолвил Петровский, хмуря брови и подходя к Андрееву. - Помилуй, братец, опомнись, что ты говоришь, - подумай...

- Полно, Петровский, - спокойно отвечал Андреев, - не трать попустому увещаний, - продолжал он, протягивая ему руку, - теперь они решительно ни к чему не послужат, - поздно!..- заключил Андреев, вынимая из кармана скомканное письмо.- Сядьте-ка лучше, прочтите, и потом оба скажите: прав я или нет...

Петровский развернул письмо, Борисов придвинулся ближе, и оба прочли следующее:

"Любезный сын! Не знаю, чем прогневили мы творца небесного, что он так горько наказывает нас: мало того несчастья, которое случилось с отцом твоим, и в тебе не видим утешения на старости лет наших. Твое беспутное поведение дошло до нашего слуха; стыдно тебе против нас, родных твоих, и грешно перед господом богом не помнить благодеяний добрых людей. Мы все узнали от твоего крестного отца, и известие это так опечалило отца (который и без этого уже еле жив), что мы думали, оно сведет его в могилу. К тому же несчастие еще другое постигло нас в муже сестры твоей Софьи. Горько обманулись мы в нем! Он вышел подлый человек и что ни на есть обманщик и наглец. Он формально отказался теперь давать нам пособие, как по уговору до Сонюшкиной свадьбы, а мы, как ты знаешь, с тем только и отдавали ее. Теперь, как сам видишь, мы лишены всякой надежды на пропитание, и если ты не отступишься от развратных друзей своих, не бросишь беспутной жизни, - мы принуждены будем идти по миру. После несчастия с отцом все от нас отступились и знать не хотят. Один только Никанор Акимыч, наш заседатель, - добрый человек, - не оставляет нас своими советами и утешениями. Если ты не захочешь заслужить проклятия нашего родительского, исполни волю матери и отца. По получении этого письма, отец со смертного одра приказывает тебе немедля ехать сюда, и все мы убедительно и слезно о том тебя просим. Тебе приискал здесь отец хлебное место на почте, благодаря заботам Никанора Акимыча. Ты теперь вся наша надежда и спасение, и, верно, не захочешь своей волей уморить родных с голоду и печали. Сестры твои, Лизавета и Дарья, и все мы просим тебя со слезами исполнить нашу общую волю. Получишь это письмо, продай, что есть у тебя, да подумай об нас и не допусти беспутных твоих товарищей отнять у тебя эти деньги, - а привези сюда. Проклятый лекарь (оказался злодеем) сказал, что ходить не станет к отцу, если денег давать не будут, а отец при смерти. Скоро и в аптеке лекарств отпускать не будут. Злодей и то пригрозился нам этим. Прощай, любезный сын наш, молим все творца милосердного, чтобы навел тебя на путь спасения и не попустил оставить без крова и призрения бедных родителей твоих. Белье только не продавай, смотри, а то дома надо будет покупать, да шить,- а чай у вас в Петербурге и дадут-то дешево. Сестры все тебе кланяются, кроме Софьюшки, которую мы, по причине ссоры нашей с ее наглецом-мужем, уже месяц как не видали. Тает она, бедная, как свечка. Прощай, молю бога о спасении души твоей. Многолюбящая твоя мать, Анна Андреева".

Окончив чтение, оба художника молча опустили головы. Возражать было нечего; утешать также. В некоторых случаях, когда несчастье слишком явно, неотклонимо,-утешения раздражают еще сильнее раны и без того уже истерзанного сердца ....

Дня три после прочтения письма, около полудня, Андреев, одетый по-дорожному, ехал на дрожках, сопровождаемый Петровским и Борисовым, сидевшими на другом извозчике. Оба художника, казалось, избегали разговора. Петровский, повернувшись несколько боком к колесам, не отрывал грустного, задумчивого взгляда от мостовой; Борисов смотрел в противоположную сторону, и изредка лишь жмурившиеся глазки его, не сходившие с Андреева, устремлялись искоса на Петровского. Молчаливое раздумье товарища видимо начинало беспокоить Борисова. В эту минуту, более чем когда-нибудь, мягкая душа его, подавленная грустью, искала сообщительности. Он пытался уже несколько раз завести разговор, но глаза его встречали каждый раз стиснутые брови Петровского, и Борисов, подавив глубокий вздох, поневоле продолжал молчать. К концу дороги он, однако ж, не выдержал, подвинулся ближе к Петровскому и сказал, переминаясь на своем месте, как курица, которая боится раздавить яйца: "Кажется, будто дождичек собирается..." Петровский окинул холодным взглядом мутно-свинцовое небо и молча повернулся в сторону. Немного погодя Борисов снова начал: "Скажи, пожалуйста, куда это валит отовсюду народ?.. Должно быть, сегодня какой-нибудь праздник..." На этот раз Петровский не поднял даже головы, и Борисов после этого не решился пускаться в объяснения.

А между тем дорога от Васильевского острова до Ямской, куда направлялись художники, проходя по самым шумным улицам Петербурга, делалась с часу на час многолюднее. Пестрые толпы народу, коляски, омнибусы, дрожки, наполненные разряженными обывателями, катили им прямо навстречу и поминутно заграждали путь. Все это скакало и толкалось, несмотря на пасмурное ненадежное небо, по направлению к островам, где должно было произойти в этот день гулянье и фейерверк. Весь город как будто заодно пробудился в это утро. Во всех концах его раздавался грохот экипажей, слышались восклицания, хохот и гул толпы, напиравшей изо всех улиц длинными, волнующимися полосами. Медленно тащились дрожки наших художников, пробираясь между народом и рядами экипажей: веселые лица мещан, принужденных давать им иногда дорогу, останавливались с любопытством на печальных лицах трех художников, как бы не понимая, на какого черта могли тащиться люди куда-нибудь, кроме Крестовского или Елагина. Наконец кой-как приятели наши достигли Ямской. Извозчик, нанятый накануне Андреевым, уже давно дожидался. Андреев уложил чемодан, сел в тележку и протянул в последний раз руки двум товарищам. Прощание совершилось так же молчаливо, как и проводы. Каждый сознавал в

76

глубине души свою потерю, и немые признаки скорби на лицах говорили красноречивее всяких слов и нежных излияний. Один Борисов рыдал как ребенок.

Вечером того же дня, после того, как прошло первое тяжелое впечатление, Петровский и Борисов оставили мастерскую и пошли бродить по острову. Преданные оба грустным своим мыслям, они не заметили, как очутились в первой линии. Летом, под вечер, и особенно в праздничные дни, первая линия Васильевского острова представляет самую оживленную панораму. Она служит самым близким сообщением между Петербургом и островами, заселенными в летнее время почти половиной городского люда. В такие дни мостовая ее не перестает греметь под тысячами колес и сотнями тысяч ног. Тут встретите вы денежную и родовую аристократию, летящую в каретах, кабриолетах, ландо и шарабанах на Каменный остров, застроенный великолепными дачами и виллами; встретите купцов в вычурных расписных тележках или на беговых дрожках; колоссальным извозчичьим каретам, не мытым со времени наводнения 1824 года,- нет числа; начиненные розовыми бантами, чепцами, платочками и коленкоровыми шляпками, покрывающими плечи и головки жен и дочек среднего купеческого и чиновничьего сословия, - они медленно ползут, как неуклюжие морские раки, между тесными рядами жиденьких извозчичьих дрожек, которые, в свою очередь, кажутся подле них какими-то муравьями. Между омнибусами, напоминающими Ноев ковчег, часто попадаются фаэтоны и экипажишки особенного устройства, дешевенькие, но комфортабельные, принадлежащие петербургским немцам и французам: хозяевам магазинов, зажиточным мастерам, ремесленникам,- счастливым обывателям дач, величиной с карточный дом, в Чухонской или Новой деревне. Тротуары запружены народом. Мелочные чиновники - женатые с зонтиками, холостые с тросточками, - щеголи писаря, размалеванные красавицы, гостинодворцы с супругами, мещане, подмастерья в затрапезных халатах, с "гармониею" под мышкой, - все это тискается, давится и суетится, спеша на Крестовский, осуществляющий для них Эльдорадо.

Петровский и Борисов, затертые толпой, как два крупитчатые зерна жерновом мельницы, - последовали общему направлению и, почти против воли, очутились на шумных островах. Свежий водяной воздух, шум пестрой толпы, волнующейся по живописным берегам, покрытым зеленью, отдаленные звуки музыки, открытые балконы и террасы, наполненные женщинами, стук экипажей, движение, - все это произвело свое обаяющее действие на двух художников и мало-помалу взяло верх над упорною тоской. Согласившись провести здесь остаток вечера, они пробирались уже на Елагин, центр увеселений, - как вдруг на самой середине Крестовского моста столкнулись совершенно неожиданно с толпой художников, предводительствуемых Чибезовым, Вахрушевым и Сидоренко. Все они были несколько навеселе.

- А! Петровский, Борисов! Куда? Какими судьбами?..- закричали они в один голос, окружая товарищей, которые употребляли все усилия, чтобы скорее пробраться вперед.- Куда же вы, господа?.. Пойдемте с нами, я вам покажу дочь канатного плясуна Вейнарда, - сейчас должно кончиться представление, - чудо девчонка! Ноги, руки, торс,- хоть сейчас пиши вакханку...- произнес Вахрушев, бойко чиркнув указательным пальцем по воздуху.

- Эх, господа... эх, Петровский... лихо! Веселись, душа!.. просто римский карнавал, черт побери... Roma! Napoli!..- кричал Чибезов, махая картузом во все стороны. - Ну, а где же Андреев, что ж я не вижу Андреева?

- Андреев уехал нынче утром, - сухо отвечал Петровский.

- И в самом деле... ведь я совсем забыл... эк я!..- воскликнул Чибезов, шлепнув себя по лбу.

- А жаль, право, жаль, - перебил Вахрушев, делая строгую, задумчивую физиономию, - он был с талантом; я недавно еще смотрел его последний этюд с натуры, - сочно, чертовски сочно и планисто стал было писать...

- Да, и лепка и планы дались ему как-то в последнее время, - мрачно сказал Сидоренко, в котором вино производило всегда нечто вроде меланхолии.- Но какой же леший велел ему бросить академию и ехать в печальную нашу провинцию?..

Петровский и Борисов вместо ответа раскланялись с приятелями и готовились уже пробраться на другую сторону моста, но в эту самую минуту извозчичья коляска пересекла им дорогу и снова заставила их втереться в толпу художников. Борисов поднял глаза кверху и остолбенел; удивление бедного художника увеличилось втрое более, когда Вахрушев рванулся сломя голову и принялся раскланиваться с хорошенькой женщиной, сидевшей в коляске, которая, в свою очередь, послала ему с веселой улыбкой несколько поклонов.

- Кто это? Кто такая?..- спросили в один голос художники, окружая Вахрушева, который не переставал кланяться вслед давно исчезнувшему экипажу.

- Какова!- произнес "Вандик", надевая набок белую свою шляпу и самодовольно забрасывая за левое плечо бархатные отвороты плаща.

- Чудо! Прелесть! Но кто же она?.. Ох, злодей, султан! Кого он только не знает, черт его возьми... Ну, да говори же, кто она?..- зашумели вокруг Вахрушева.

Борисов затаил дыхание.

- Это одна из добрых моих знакомых, - отвечал "Вандик", трепля себя за усы.- Она живет у одного моего знакомого - золотопромышленника; я, впрочем, давно ее знаю; она ходила прежде к одной, Левицкой, которая тоже несколько мне знакома...- прибавил он, выразив на лице беспечную, но вместе с тем демонски плутовскую улыбку. - Ее зовут Катерина Андреевна, - да что говорить, вот на днях или когда-нибудь, если хотите, можете увидать ее у меня в мастерской, - я обещал написать ее портрет в виде вакханки...

Петровский и Борисов обменялись взглядами и молча расстались с художниками. Обстоятельство это мигом возвратило им все грустные мысли. Они вспомнили Андреева, который тащился теперь по пустынной дороге, и, полные тяжелой тоски, достигли мастерской, не дождавшись окончания праздника.

X

ЗАКЛЮЧЕНИЕ

Пять лет спустя после описанных выше происшествий имя Петровского было уже известно во всех почти академиях Европы. Новая картина, написанная им в Италии, была привезена, после парижской выставки, в Петербург. С ней вместе приехал и Петровский. Окруженный славой, осажденный со всех сторон блистательными заказами, Петровский не забыл, однако ж, старого своего товарища Борисова. Он отыскал его где-то в восемнадцатой линии Васильевского острова, на чердаке, и, тронутый бедностью приятеля, предложил ему работу. Работа заключалась в том, что надо было исполнить по эскизам Петровского иконостас и купол собора в одной из южных наших губерний. Каждый легко себе представит, с какой радостью принял Борисов такое предложение. Он получил задаточную сумму денег, накупил кистей и красок, взял место, простился с Петровским и уехал.

Вот отрывок из письма Борисова, полученного Петровским по прошествии нескольких дней.

"Итак, голубчик, согласно уговору нашему перед моим отъездом, я завернул в городок, где живет наш бедный Андреев. Передать тебе не могу чувство, которое овладело мной, когда я увидел этот городок. Мысли ли мои были так настроены, но он показался мне в высшей степени печальным и унылым. Было около полудня, когда я въехал в полуобвалившуюся заставу. Тишина мертвая царствовала на улицах, как будто жители, запутавшись наконец ветхости своих лачужек, перебрались заблаговременно в другое место. Хозяин постоялого двора, - что-то среднее между мещанином и мужиком,- на вопрос мой: "Здесь ли почтмейстер Андреев?" - отвечал утвердительно; он объяснил мне, как пройти к нему. Результатом этого объяснения было, однако ж, то, что, сделав два или три поворота, я очутился между двумя заборами, которые примыкали к огромному оврагу; на дне бежал поток и высился колодезь, прикрытый часовней. Я стал решительно в тупик. Если приводилось тебе испытывать минуты, предшествующие свиданию, даже самому радостному, ты должен понимать, какой невыносимо тяжелой доской давят они сердце; кажется даже, что в поспешности человека, который бежит на свидание, заключается столько же желания скорее освободиться от этого тягостного чувства, сколько нетерпения обнять друга или приятеля. Не знаю, долго ли простоял бы я таким образом между заборами, если б не выручила меня баба, явившаяся у колодца на дне оврага. Я спустился к ней, и она указала мне дом Андреева, выступивший одним боком над пропастью. С этой стороны нельзя было подойти к нему; требовалось сначала обогнуть весь овраг и выбраться на улицу. Когда я поравнялся с домом, сердце мое почему-то сильно забилось. Я заглядывал в каждое окно, но окна были занавешены полинявшим ситцем; в доме, казалось, было так же тихо, как и на улице. Я вошел в растворенные настежь ворота, на небольшой дворик, окруженный сараями, заросший полынью и крапивой, покрытый обручами и сушившимися кадочками. Кое-где бегали куры. На кривом крылечке сидел седой старик в солдатской шинели и чинил на солнце какие-то лохмотья.

- Здесь живет Андреев? - спросил я.
- Григорий Петрович?
- Да.
- Здесь, да его теперь дома нет, с должности не пришел, ныне почта...

Минут десять спустя, я входил в низенькие сени почтовой конторы; отворив дверь, я очутился в тесной толпе мужиков и кучеров. На дне комнаты, за небольшим столом, установленным конвертами и пятаками, сидел Андреев. Согнувшись в три погибели, он записывал одной рукой в книгу, другой считал деньги... Трудно тебе рассказать, как он изменился. Сердце замерло во мне. Я подошел к нему и тронул его по плечу.

- Сейчас, подождите, - проговорил он, продолжая писать, но вдруг поднял глаза, смутился, встал со своего места, схватил меня за руки и с радостным криком бросился обнимать меня.

- Григорий Петрович, - произнес грубый голос из-за другого стола,- почта ждет...

- Сейчас, сейчас... подождите немножко...

И он снова кинулся мне на шею. Через пять минут почта была отправлена, и мы очутились оба на улице.

- Что, как? Откуда? Какими судьбами!..- вскричал Андреев, не помня себя от радости.

Я рассказал ему цель своего путешествия; мы разговорились о тебе. Он слушал меня с восторгом и боялся, кажется, пропустить слово; но только что подошли мы к его дому,- восторженность и внимание как рукой сняло. Он растерялся. Сделав движение, как будто внезапно пробуждался от сна, он боязливо оглянул окна, остановил меня под калиткой и попросил Христа ради не обнаруживать перед домашними настоящего моего звания.

- Слова: художник и живописец производят на них по сию еще пору самое неблагоприятное действие... Скажи им, что ты чиновное лицо, и все будет прекрасно...

Говоря это, Андреев не переставал оглядываться во все стороны.

С стесненным сердцем поднялся я за ним на крылечко. В сенях меня обдало запахом утюга, мыла, жареной рыбы. В перекосившихся дверях мелькнула женская фигура, с засученными по локоть рукавами, и почти в то же время чьи-то два глаза сверкнули в скважине. Мы вошли в крошечную, душную комнатку, с кривым потолком, усеянным дочерна мухами. Ободранный диван, два стула и над ними пыльная ландкарта лепились криво и косо вдоль стен грязно-молочного цвета. От всего этого за версту пахло нищетой. Между простенками болтались на гвоздиках холстяные мешочки, вероятно с сушившимися семенами. На подоконнике лежала крошечная подушка, с пришпиленной к ней ситцевой наволочкой. Медный наперсток, игольник и ножницы показывали, что комната не совсем принадлежала Андрееву. Пустившись в расспросы, я узнал, что он женат, отец его и сестра Софья умерли. Разговор происходил шепотом. Андреев не переставал коситься на дверь.

- Ну, да что тебе говорить, - произнес он, наклонившись к моему уху, - пробудь здесь несколько часов и лучше узнаешь мою настоящую жизнь, чем если б я стал тебе ее описывать.

- Григорий Петрович!- произнес чей-то кисленький голос за дверью.

Андреев пожал мне руку и поспешно скрылся. Мне послышался тогда шелест платья и вслед за тем шепот нескольких голосов. Минуту спустя Андреев ввел в комнату высокую, сухощавую, несколько сгорбленную старуху, в очках и в затасканном траурном чепце на голове.

- Вот, матушка, рекомендую вам моего старого петербургского

приятеля, - сказал Андреев, стараясь придать своему голосу самую мягкую и нежную интонацию.

Старуха опустила сухощавые руки свои кофейного цвета и, прищурившись на меня сквозь мутное стекло очков, сказала нерешительным, черствым голосом:

- Очень рада, батюшка, - прошу покорно садиться,- просим милости... вы давно из Петербурга-то?

- С неделю.

- Ась?..- не слышу я, батюшка.

Я повторил ответ.

- А чем изволите заниматься, батюшка?..

Не трудно было заметить, что одна мысль о том, что я был, может статься, один из тех приятелей, которые сбили с толку ее сына, предубеждала против меня старуху; я смело назвался чиновником, не помню уже какого ведомства.

- Ох, батюшка,- произнесла старуха плаксиво несчастным тоном, - как же вы это запамятовали Гришу?.. Стоит ли он, чтобы вы, должностной и важный человек, о нем думали?.. Вы, я чай, знали же его в Петербурге.

Тут старуха, к величайшему моему удивлению, начала бранить сына, укорять его в лености, в беспутном поведении, присовокупив, что если б он только захотел, то верно достиг бы, подобно мне, почетного доходного места; что своим прежним беспутством заставил их всех глаза выплакать, и проч., и проч. Бедный наш Андреев стоял во все это время потупя голову, краснел и мялся. Я поспешил переменить разговор.

- Надолго ли вы, батюшка, остановились в нашем городе?

- Нет, всего на один день, - отвечал Андреев, ласково обращаясь к матери.

- Не тебя спрашивают, - сурово произнесла старуха, - разве не видишь, я говорю с ними...

Я удовлетворил ее ответом.

- Я пригласил "их" обедать у нас, - робко сказал Андреев.

Старуха быстро подняла голову и, бросив на сына нетерпеливый взгляд, сказала довольно грубо, но стараясь, однако ж, придать черствому лицу своему жалостливое выражение:

- Не взыщите, батюшка, вы, я чай, в Петербурге-то привыкли к хорошему столу... у нас не то... не взыщите, чем богаты, тем и рады...

Старуха встала и вышла в дверь, которая с трудом уступила ей, потому что на нее, вероятно, напирали изнутри любопытные. Не успел я подойти к Андрееву, как тот же кисленький голос снова позвал его. Я услышал тогда в соседней комнате стук тарелок, который не помешал мне расслышать отрывчатый, недовольный шепот. Андреев вернулся ко мне окончательно растерянный. Мы пошли обедать. Комната, в которую мы вступили, была несколько просторнее первой, но до того завалена всякой рухлядью, что оставалось только посредине место для стола. Кроме матери, тут находились еще три женщины. Одна из них толстая, расплывшаяся, с лицом, похожим на плохо выпеченное яблоко, с взглядом дерзким; другая помоложе, лет тридцати пяти, длинная, рябая, - весь портрет матери, с пучком рыжих волос на затылке, в виде редьки; третьей было всего лет двадцать с небольшим. Лицо ее, белое и пухлое, отражало все признаки глупости и тупости непроходимой.

- Рекомендую тебе: жена моя...-сказал Андреев, протягивая к ней руку, - а это сестры, - продолжал он, указывая на первых двух.

Все три жеманно поклонились, и мы сели за стол. Разговор, как можешь себе представить, не был очень приятен; сказано было, между прочим, с явной иронией, что столичному жителю скучно должно быть в ничтожном уездном городке, что все столичные люди стараются всегда подмечать, что и как говорят провинциалы; потом постепенно речь зашла о погоде, и жена Андреева, молчавшая все время, сказала, покраснев до ушей, точно так же, как и муж ее, что погода стоит нынче "прикрасная", и т. д. Словом, грустно, голубчик Петровский. В продолжение этого злосчастного обеда, я успел заметить, что все члены семейства, кроме самого Андреева, разумеется, ненавидели друг друга, или, по крайней мере, каждый из них имел против другого хоть временную "контру". Нелегко было также видеть, что с Андреевым обращались с какой-то невнимательностью и пренебрежением. В эти полчаса настоящая жизнь его раскрылась передо мной во всем своем безобразии. Он видимо находился под влиянием всей этой сволочи. Что ж мудреного? Мне, по крайней мере, это понятно: страх, который овладевает всяким порядочным человеком при одной мысли о ссоре, скандале или сцене, - особенно в семействе, - заставляет его иногда невольно терпеть и смалчивать; люди грубых свойств, невоспитанные, никогда не в состоянии оценить такого чувства, оно, напротив того, служит как бы поблажкой их дерзости. Объясняя терпение робостью или трусостью, они всегда воспользуются ими, чтобы сесть человеку на шею.

Наконец обед, или вернее сказать: мука моя - кончилась. Я и Андреев снова очутились в первой комнате. Передать тебе не могу, голубчик, тяжелое, стесненное чувство, в каком я находился: грусть, тоска, досада кипели в одно и то же время в моем сердце. Я слышал за дверью ворчливый шепот, видел взгляды сквозь щели и трещины и думал только, несмотря на удовольствие встретиться с Андреевым, - как бы поскорее вырваться на волю. Мне душно становилось в этом доме. Андреев понял, вероятно, что во мне происходило. Он подошел ко мне: "Пойдем отсюда",

- шепнул он, наклоняясь, как бы нечаянно, к моему уху. Как воры, вышли мы украдкой из дому. Миновав дома и заборы, мы обогнули город и очутились на самой возвышенной точке крутого берега, омываемого широкой рекой. Под ногами у нас, в страшной глубине, лепились вдоль берега лачужки рыбаков, окруженные ветлами и сушившимися бреднями. За рекой стлались бог весть куда необозримые луга, пересеченные кое-где темными клиньями соснового леса. Вправо, к оврагу, за Небольшим пустынным валом, виднелось городское кладбище. Андреев повел меня прямо туда.

- Вот,- сказал он, указывая на глинистый бугорок, прикрытый плитняком и осененный тщедушной ветелкой, - и ты любил ее когда-то... О! если б ты знал только, Борисов, до какой степени потеря сестры осиротила меня!..- прибавил он, проводя пальцами по глазам. - Смерти отца я почти не заметил, - мне стало только грустно; - нас связывали один долг и привычка, - но тут я стал как один на свете.

Мы сели на траве подле могилки и долго говорили. Я заметил, что Андреев переменился, когда мы вышли из его дома; но теперь, мало-помалу, перемена эта сделалась еще заметнее; он стал совсем как бы другим человеком.

- Да, Борисов, для меня все уже кончено!..- говорил он. - Я уже далеко не тот, каким знал ты меня пять лет тому назад; давно угасла во мне внутренняя борьба, когда вопросы: быть или не быть? - попеременно сменяются один другим. Перелом в судьбе моей уже совершился, - я умер, умер для жизни. И что всего хуже, чувствую, что выбиваюсь из последних сил. Не обвиняй меня! Возьми какого хочешь человека, перенеси его в уездный город, окружи его моими обстоятельствами, - поверь, не выдержит и кончит тем же, чем и я; ни убеждения, ни воля не помогут. Бой будет неравен, и рано или поздно обстоятельства возьмут свое... А ведь было же время, когда и мне улыбалась так приветливо жизнь! Часто думаю я: за что было судьбе так жестоко подшутить надо мной?.. Как часто, сидя вот на этом самом месте, обернувшись лицом за реку, к северу, к Петербургу, - как теперь, припоминаю я свои восторги, свои надежды, нашу мастерскую, бедную мою комнату на Новых местах, где был я так счастлив... Катю... Посреди жизни, какую я веду, даже воспоминания страданий доставляют душе неизъяснимые наслаждения... Скажи, не слыхал ли ты чего-нибудь об Кате? Где-то она теперь? Что с ней?..

Я уверил его, что ничего не знаю о ней; что с той поры, как мы расстались, мне не удалось уже ни разу встретить ее.

- И, право, бог знает как горько делается на душе, Борисов, когда подумаешь, что могло бы ожидать меня при других обстоятельствах, - прибавил он со вздохом. - Как ни говори, судьба моя, судьба всей моей жизни разрешилась оттого, что не было каких-нибудь пятисот рублей или тысячи, одной тысячи. Но кто поверит, да и кому какая нужда до несчастий, в какие ввергает нашего брата недостаток. Несчастье, совершающееся в тиши, между четырьмя стенами, несчастье, прикрытое жиденьким, но чистым пальто, в шляпе без видимого разрушения, - никого не трогает; оно не возбуждает даже доверия: "Как можно, чтобы молодой человек, во всем порядочный, образованный и воспитанный, не нашел себе места или куска хлеба!.. Вздор!- значит не хочет, когда нет!" Вот что говорят обыкновенно люди, которые могли бы подать руку помощи. Они не трудятся вникнуть поглубже в дело и разобрать, что часто есть другие потребности, кроме куска хлеба. Есть, конечно, добрые люди, для которых помощь ближнему обратилась в долг и убеждение,- но, со всем тем, они смотрят почти так же близоруко, как и первые. Горе в одном. Подобно первым, они доверяют только несчастью живописному, эффектному, покрытому безобразными лохмотьями, с исковерканными членами, ползущему по грязной мостовой и просящему подаяния хриплым голосом... Попробуй рассказать им, пожалуй, хоть мою собственную историю; особенно не забудь, в виде предисловия, сообщить, что дело идет о служащих в провинциальном городе, - и всякое участие как рукой сняло! Им покажется до невероятности забавен провинциальный писец,- "писец Вертер и Руссо!..". Да на что же это в самом деле похоже? А намеки, что у этого писца мать, сестры, семейство, да еще вдобавок "дом", собственный дом, оставшийся в наследство после отца, так они тебе в глаза засмеются и скажут: "Чего ж ему еще надо?.." Тебя, вероятно, удивляет, как мог я, сознавая ясно свое положение, примириться со всем тем, что меня окружает? Тебя, кажется, удивляет моя женитьба? - продолжал Андреев.- Но вникни поглубже, и ты увидишь, что каждый на моем месте сделал бы то же самое. Сестра умерла. Тоска овладела мной страшная. Не с кем было даже поделиться горем. В таком состоянии глубокого одиночества сочувствие друга или брата недостаточно. В эти минуты сердце инстинктивно просит излиться в женское сердце; кажется тогда, - и часто ошибаешься, - что будто в нем только источник истинного, нежного сочувствия. Я встретил теперешнюю жену мою, она показалась мне девушкой доброй, простой... и я женился, чтобы скорее вырваться из глухого одиночества; я не очень несчастлив...- прибавил Андреев, краснея до ушей. - С живописью я расстался почти так же, как с покойной сестрой, - невозвратно! Сохраняю старые рисунки свои, как незабвенную память всего минувшего, как залог, что и у меня был когда-то талант. Я часто смотрю на них... Меня утешает мысль, что не добровольно заглушил я в себе дарование, что не растратил его на ветер и, если б не обстоятельства, я был бы художник!..

Он еще ничего не знает о существовании "Общества поощрения художников" - я не решился (ты понимаешь отчего?) заговорить о нем с Андреевым, но втайне благословил благородное учреждение, осенившее благодетельным крылом своим наших молодых художников! Да, Петровский, теперь уже, вероятно, никого из нас не постигнет жалкая участь нашего бедного Андреева!..

И долго еще говорил так-то Андреев. Грустны были речи его; еще грустней и безотрадней раскрылась предо мною жизнь этого бедного товарища, страдающего в тиши, без ропота и ненависти, с полным сознанием своего горя,- жизнь, полная высокого самопожертвования, - и для кого все это?.. Для семьи, которая не только не понимала высокой жертвы, но старалась еще отравлять каждую секунду такой жизни... И сколько раз самопожертвование Андреева казалось мне выше всякого другого, сделанного в минуту увлечения, перед восторженно-плещущей толпой. Тот, кто способен на великое в минуту воспаленных чувств и мозга, не всегда, в минуту холодного рассудка, найдет в себе энергию и на половину такого дела! Уж вечерело, когда мы кончили нашу беседу.

Кругом, в городе и за рекой, уже стихло. Чуть внятные звуки колокола с отдаленного монастыря, приносимые легким ветром, пробегали над необозримым пространством. Мы молча прошли кладбище... Уныло глядели глинистые бугорки, покрытые тенью, и только жиденькая ветелка над могилой сестры Андреева да кругом ее несколько желтых цветков подымали свои головки, освещенные багровым блеском тихо заходящего солнца... Через час я простился с Андреевым и пожал ему, может статься, в последний раз руку..."

ПАХАТНИК И БАРХАТНИК

> Не будет пахатника, не будет и бархатника.
> Русская пословица

ГЛАВА ПЕРВАЯ

ПАХАТНИК

I

Такого продолжительного, нестерпимо жаркого лета не могли запомнить даже самые старые люди. С половины июня до конца июля ни разу не освежило дождем воздуха; раскаленная земля трескалась, превращалась в камень или пыль, которая лежала тяжелым рыжеватым пластом на дорогах. Каждое утро солнце восходило багровым шаром и, подымаясь выше в сверкающем, безоблачном небе, совершало свой круг, никому не давая отдохнуть от зноя. Все живущее словно умаялось и повесило голову. Цветы, не защищенные лесом или тенью рощи, пересохли; горох пожелтел преждевременно; проходя полем, слышно было, как лопались его стручья, рассыпая, словно дробь, свои зерна. Трава, скошенная утром, начинала к полудню пучиться, подымалась ворохом и звонко хрустела, когда брали ее в руки. Стада упорно жались к ручьям и речкам; во всякое время дня коровы и лошади по целым часам недвижно стояли по брюхо в воде; можно было бы принять их за окаменелых, если б не двигали они хвостами, стараясь отогнать мух и оводов, которые роями носились и жужжали в воздухе.

Во всей природе, которая как будто изнемогала и тяжело переводила дыхание, одни насекомые бодрствовали; чем горячее жарило солнце, тем больше их появлялось и тем громче раздавались жужжанье и шорох. Там, где полуиссохшие ручьи впадали в речки, роями стояли коромысла, блистая на солнце своими кисейными глянцевитыми крылышками и зелеными, словно стеклянными головками; запыленные шмели и бесчисленные миллионы всяких мух и мошек облипали каждого, кто только останавливался.

В полях весь этот шелест заглушался трескотнёю кузнечиков; из-под каждой травки, из-под каждого стебелька, немолчно дребезжал тот жесткий, металлический звук, который всегда как бы дополняет впечатление страшной засухи; в сырое время кузнечик поет не так звонко. В полях часам к двум-трем пополудни зной особенно был чувствителен. Солнечные лучи, насквозь пронизывая рожь до корня, нагрели, казалось, самые стебли; даже там, в глубине колосьев, бросало в испарину; чувствовалось, что пышет от почвы, как от жерла раскаленной печки. Васильков совсем не было; они давно пересохли, оставив тощие зеленоватые стебли; одна повилика, туго оплетая подошву колосьев, разливала в воздухе тонкий миндальный запах и пестрила своими бело-розовыми колокольчиками жаркое, лучезарное сиянье, наполнявшее глубину поля.

II

Несмотря, однакож, на удушливый зной, от которого сохло в горле и потом обливало тело, все пространство поля покрыто было народом, куда ни обращались глаза, отягченные солнечным сверканьем, всюду над морем колосьев мелькали, то опускаясь, то подымаясь, белые рубашки баб; перегнув в три погибели спину, прикрытую мокрой сорочкой, они вязали снопы; мужья их, отцы и братья выступали между тем один за другим, звонко размахивая косами.

Работа кипела; время было такое, что нельзя было ни на один час отложить покоса; благодаря жаркому июлю, едва успели откоситься и убрать сено, как рожь поспела; там совсем уже налился и дозревал овес - того и смотри сыпаться станет. Изредка останавливался тот или другой работник, отирал рукавом загорелый лоб и принимался точить косу, издававшую при этом сухой, острый звук, вторивший как нельзя лучше дребезжанью кузнечиков. Изредка та или другая баба разгибала спину, оглядывалась и торопливо направлялась выпить кваску из серого кувшинчика, спрятанного в укромном месте, или шла к люльке, скрывавшей ребенка. Но едва мать успевала раскрыть холстяной полог люльки, едва припадала грудью к губам младенца, голос старосты снова призывал ее к работе.

- Эй, бабы, бабы! - покрикивал он, являясь то тут, то там, - что-то уж больно часто бегаете! Покормили раз-другой - и шабаш! Главная причина, не надо бы вовсе таскать с собою ребятишек - вот что! Оставляли бы дома лучше старухам да бабкам!..

- Хорошо, Гаврило Леоныч, коли есть такие, - возразила молоденькая живая бабенка, - коли не на кого оставить, поневоле тащишь...

- Все же так часто бегать не приходится, - возразил староста. - Говорю: покорми раз-другой - и шабаш!.. Ну ступай, ступай, полно разговаривать!.. - довершил Гаврило Леоныч, направляясь в другую сторону.

Немного погодя посреди звяканья кос и шума падающей рядами ржи голос его раздавался на дальнем конце поля.

III

В голосе этом не было, впрочем, ничего повелительного или грозного; с появлением старосты никто не бросал в его сторону боязливых взглядов. Косы, правда, начинали скорее двигаться, и бабы усерднее принимались вязать снопы, но это, очевидно, происходило не столько от страха, сколько от жалкой привычки русского простолюдина жить и действовать не иначе, как с помощью понуканья. Гаврилу слушали точно так же, как стали бы слушать любого мужика, поставленного в старосты главным управляющим.

Гаврило ничем не отличался от остальных мужиков своей деревни; он только знал счеты и разбирал грамоту; основываясь на этом, его выбрали в начальники и выдавали ему ежегодно пятнадцать рублей жалованья из главной конторы, которая находилась верстах в семидесяти, в соседнем уезде. Гаврило сильно даже скучал своею должностью; пуще всего сокрушало старосту, что, будучи сам человеком домовитым и хозяином, он принужден был поминутно отрываться от дела и ездить в контору из-за каждой безделицы, иногда даже так, безо всякой надобности. Случалось, самое нужное дело на руках, - нет, бросай все и отправляйся! Кроме того, всякий раз надо было неизбежно стоять с глазу на глаз перед управляющим, который внушал Гавриле, точно так же, как и всем, находившимся в зависимости от конторы, страх непобедимый. Короче сказать, староста готов был ежегодно приплачивать еще своих денег, лишь бы освободили его от должности; то же самое готов был сделать каждый крестьянин, принадлежавший деревне Антоновке.

Не только в нравственном отношении, но и по наружности Гаврило во всем был сходен с мужиками, работавшими в поле. Ему было лет пятьдесят; на лице его, покрытом мелкими морщинками, явно проглядывал нрав мягкий, сговорчивый и веселый. Он носил на голове шапку на манер гречишника, из-под которой с той или другой стороны

89

всегда выглядывал кончик клетчатого платка; платок служил скорее для того, чтобы утирать лицо, чем для настоящего употребления. Выходя в поле, Гаврило постоянно вертел в руках палочку, служившую ему биркой; на ней-то надрезывал он ножом число копен, скирд, снопов и проч. Как потом мог он добраться толку и распутать на своей бирке все эти насечки, зарубки и крестики - это останется вечной неразгаданной тайной.

IV

- Ну, братцы, подкашивай, подкашивай! - понукал Гаврило, переходя от одного ряда косарей к другому, - по-настоящему, к вечеру решить бы надо!.. Вот разве бабы не успеют снопы довязать...

- Нет, сват Гаврило, нонче не управимся, - заметил коротенький кудрявый мужичок, останавливаясь, чтобы снять шапку и отереть лицо, - добре уж оченно парит; раза три махнешь косой, так инда всего тебя размочалит. Невмоготу даже...

- Не одному тебе, всем жарко!.. Ну-ка, сват, полно, бери косу-то, бери! - подхватывал Гаврило, - оттого, что жарко, оттого и откоситься скорей надобно; погоди-ка денька три, в колосе совсем ничего не останется... Эку сухмень сотворил господь!.. эку сухмень!..

- Везде сухо, везде зерно сыплется, - промолвил высокий рыжий мужик с коротенькой, крутой, кудрявой бородкой. - Вот уже третий день никто в свое поле не заглядывает! - присовокупил он, не оборачиваясь к старосте и продолжая косить, - значит, здесь справляйся, а со своим добром как знаешь, - пропадать должно!..

- Это точно, - проговорил старый мужичок, усыпанный веснушками, - хошь бы на один день ослободили!.. Здесь хлеб уберегай, а со своим управляйся, как бог велит.

- Толкуют, точно первинку рассказывают, точно про то никто не знает! - перебил Гаврило, встряхивая шапкой, - опять-таки, я, что ли, тому причиной?.. Так велено; кто велел - сами знаете; поди-тка сладь с ним! "Чтобы все поле, говорит, на мирской магазин которое отрезано, убрать, говорит, к воскресенью; уберут, говорит, тогда за свое пускай принимаются!" Сам обещался наведаться; сам до всего доходит. А мне что? Мое дело сторона; как велят, так и делаю...

- Надо, значит, самим идти просить в контору, - сказал рыжий мужик.

- Поди-ка сунься, - много возьмешь! - заметил Гаврило.

- Значит, - продолжал опять рыжий мужик, размахивая так сильно

90

косою, что звон ее сделался вдруг слышнее других кос, - значит, оброк только для виду для одного; слава только: вот, дескать, на оброк отпущены! Поглядеть - выходит хуже барщины! Барщинные по крайности оброка не знают; у нас деньги оброчные отдай само собою, а там еще плетни плети вокруг садов, луга коси господские, дороги починяй; пришла пора рабочая, хоть бы вот теперича - идти бы убирать свой хлеб, - нет, сюда ступай... Дни, вишь, такие выговорили!.. Сосчитай-ка эти выговоренные дни - много ли время на свое дело останется?.. Право, барщина сходнее...

- Знамо так; Филипп правду сказывает... Это точно как есть!.. - отозвались ближайшие мужики.

- Поди-ка столкуй с управителем, поговори ему, что он тебе скажет, - произнес Гаврило с сердцем, - уж было такое дело, из других вотчин приезжали, говорили ему, - с тем и уехали! Ты свое - он свое: "знать, говорит, ничего не хочу; мое дело, говорит, было бы прежде всего исправно!.." А что насчет работы, какую теперь справляем, - продолжал рассудительна Гаврило, - надо правду сказать - браниться да жаловаться не за что: поле не господское, "мирское"[6] - стало, все единственно, для себя трудимся!

- Главная причина, дядя Гаврило, - заговорил опять мужичок с веснушками: - не ко времени работа - вот что! Этим пуще всего народ обижается; у самих хлеб сыплется, а ты здесь валандайся; оно хоть и мирское дело - а свое все жалчее упустить.

- Потому и говоришь вам: братцы, велено! как ни бейся, сделать надо; работай дружнее, не тормози рук; здесь скоро отделаемся, за свое скорей примемся... Ну, дружней, ребята, подкашивай, подкашивай - к вечеру чтобы совсем убраться!.. - подхватил Гаврило, возвышая голос и принимаясь снова ходить по полю. - Эй вы, бабы, - полно вам бесперечь к люлькам бегать!.. Ох, эти бабы пуще всего!.. Авдотья, ты никак с самого обеда торчишь у люльки, ни одного снопа не связала... Брось, говорю!.. Эки, право, ни стыда в них нет, ни совести!..

---

[6] Мирским полем называется часть земли, которая отрезывается крестьянам для посева хлеба, поступающего потом в так называемые магазины. Такой запас ржи и овса делается на случай неурожая, недостатка зерен для посева. В деревнях, где существует порядок, строго наблюдают, чтобы в магазине всегда находился запас зерен, который обеспечивал бы в случае несчастия все население деревни (прим. автора).

V

Во время этих разговоров с той стороны, где деревня заслонялась пологими холмами, показался мужик. С первого взгляда легко было заметить, что он не принадлежал к числу обывателей Антоновки или если принадлежал, то по каким-нибудь обстоятельствам освобожден был от работы.

Длинные ноги его, обутые в довольно плохонькие сапоги, передвигались безо всякой поспешности; он рассеянно посматривал направо и налево, время от времени посвистывал и вообще имел вид человека, который лишен всяких забот и вышел в поле единственно затем только, чтобы прогуляться. Ему было лет под сорок; рубашка его начала просвечиваться на локтях, и швы во многих местах пообсеклись; но зато подпоясан он был новым гарусным шнурком и на голове его, покрытой реденькими черными завитками, красовался совершенно новый картуз с козырьком, вроде тех, какие носят подгородные мещане и фабричные. Сам он скорее похож был на мещанина, чем на обыкновенного поселянина; несмотря на знойное лето, загар едва коснулся его лица и шеи; на лице его, довольно еще красивом, не было следа тех морщин, той загрубелости, которые преждевременно накладывает тяжелое, трудовое житье. Взгляд его, обращавшийся как-то сверху вниз - точно он считал себя значительнее всех тех, с кем встречался, - не был лишен живости, точно так же, как и остальные черты лица; в движениях заметно, однакож, проглядывали лень, вялость, сонливость.

Человек этот не был совершенно чужим и незнакомым лицом в здешних местах; едва поровнялся он с первыми косарями, многие его окликнули:

- Федот, здорово! Откуда?

- С люблинской мельницы...

- Дело, что ли, есть?

- Да,-лаконически отвечал Федот, слегка приподымая картуз и продолжая идти далее.

Замечательно, что в голосе каждого, кто обращался к Федоту, звучала веселость; каждый почти, заговаривая с ним, прищуривал глаза и оскаблял зубы. Случалось, что иной мужичок - особенно из молодых и которые были попроще, - видя, как оскаблялись другие, схватывался попросту за бока и громко начинал смеяться. В таких случаях Федот выше только подымал голову, весь как словно от макушки до пяток преисполнялся чувством собственного достоинства и шел мимо, сохраняя такой вид, как будто на пути попался муравей, не стоящий никакого внимания.

Приближаясь к месту, где сосредоточивалась главная деятельность и куда сошелся почти весь народ, Федот спросил, как бы найти ему дядю Карпа? Карп, оказалось, косил в числе передовых косарей и находился на дальнем конце поля. Федот медленно, как бы желая похвастать своей - неторопливостью, направился в указанную сторону. Проходя мимо подвод, которые приехали за снопами, мимо баб, вязавших снопы, и мужиков, шумевших косами, - Федот снова осведомился, где отыскать дедушку Карпа.

Признав, наконец, того, кого отыскивал, Федот встрепенулся и ускорил шаг; он словно вдруг вспомнил о чем-то; лицо его выразило озабоченность, суетливость; он пошел так скоро и начал так размахивать руками, что пот выступил на лице и даже шее; подойдя к Карпу, который продолжал усердно косить, не замечая приближающегося, Федот, и без того запыхавшийся, старался еще показать вид, что едва переводит дух от усталости.

VI

- Дядя Карп, здорово! К тебе... - озабоченным тоном проговорил Федот, снимая картуз и отирая плоский белый лоб с прилипнувшими к нему жиденькими кудрями.

- А, Федот! - воскликнул седой как лунь старичок, быстро поворачивая к Федоту сухощавое лицо, изрытое глубокими морщинами, - как ты здесь?..

- К тебе, дядя Карп... Ух, умаялся! - дай дух переведу, - сказал Федот, стараясь показать вдвое больше усталости, чем было на самом деле. - Примерно такое дело... переговорить надо...

Тут Федот нахмурил брови, покосился на стороны и, заметив, что ближайшие мужики остановились и посматривали в его сторону, начал мигать Карпу на соседнюю ниву, где не было еще ни одного косаря.

- Говори здесь - все одно, - сказал старик.

- Нельзя, - суетливо перебил Федот, - никаким то есть манером... дело такое... Отойдем, говорю...

Он дернул старика за рукав рубахи и силою почти отвел его шагов за десять.

- Аксен Андреев прислал, - произнес он, быстро оглядываясь и как бы желая убедиться, что никто не слушает.

- Это зачем?

- Насчет избы; ты избу приторговал... Прислал: "скажи, говорит, Карпу - он тебе родственник, часто видаетесь, - скажи: задатку надо прибавить!.."

- Ведь я дал ему задаток, и дело совсем порешили; чего же еще? - произнес старик нетерпеливо.

- Говорит, много на избу охотников...

-Ну...

- Много очень народу избу торгуют и деньги сейчас отдают... "Коли, говорит, Карп прибавит задатку, я обожду, пожалуй, а то, говорит, несходно!" Я затем и пришел к тебе; ты, дядя, нонче же беспременно сходи к Аксену. Он так и наказывал: сегодня переговори с ним; дело, примерно, такое, никаким манером нельзя оставить! - примолвил рассудительным тоном Федот и даже зажмурил глаза. - Избу я видел: изба знатная; и цена небольшая... упустить никак невозможно!..

Старик не слушал последних слов Федота; с досадливым, беспокойным выражением лица смотрел он в землю.

- Когда видал ты Аксена? - спросил он.

- Нынче утром, в самый обед. Как сказал он об этом - "дело такое, думаю себе, упустить нельзя; Карп Иваныч сродственник, оставить не годится", - прямо к тебе бросился....

- Как же попал ты туда, к Аксену? - спросил Карп, медленно направляясь к прежнему своему месту.

- Встретились по соседству... Я теперь на люблинской мельнице... вот уже с неделю живу в работниках...

- Как! ты, стало, уж не на фабрике у Василья Иванова?

- Нет, рассчитался!.. Хозяева добре оченно уж зазнались... Мне здесь сходнее: хозяева - лучше быть нельзя, обходительные такие, и жалованья больше... в неделю три целковых получаю...

Карп недоверчиво покачал головою.

- Ей-богу, три целковых! - с живостью подхватил Федот.

- Ты никак на мельницах-то прежде не живал... - промолвил Карп рассеянно.

- Как не живал? - возразил Федот с уверенностью, - вот те раз! Перед тем как на фабрику поступил, только и работал, что на одних мельницах!... дело привычное... все статьи примерно знаю; другой мельник того не сделает.

Хотя старик вполовину слушал Федота, но снова покачал головою.

Придя на свое место, он далеко не был так бодр и весел, как когда подошел к нему Федот; седые брови старика не оставляли нахмуренного положенья; несмотря на несколько минут отдыха, он дышал тяжелее, чем когда без устали размахивал косою.

- Подсоби, Федот, - сказал он, - подсоби маленько, чтоб упущения не было; я тем временем дойду до снохи, кваску выпью..

94

- Давай, давай!.. Нам не впервые! - бойко и с величайшей готовностью проговорил Федот. - Ступай, дядя, справимся!..

Федот выпрямился, молодецки поправил картуз, поплевал в ладони и взял косу.

VII

- Никак подсобить хочешь?.. - произнес соседний мужик.

- Нам это дело в привычку! - хвастливо возразил Федот, - в наших местах - мы на Оке живем - луга такие: конца краю не видно, глазом не обведешь! Месяц целый косим: весь мир косит, а все остается верст на десять нескошенного места... так и оставляем... скот травит.

Сказав это, Федот снова поправил картуз, снова поплевал в ладонь и молодецки махнул косою; но луга косить, видно, не то, что рожь; под косою Федота жнивья осталось вдвое больше, чем следовало, и колосья, захваченные им, легли не в ряд, а раскидались на стороны. Два молодые парня, работавшие слева, громко засмеялись.

Федот повернулся к ним спиною и осмотрел косу.

- Ну, уж коса! - сказал он с усмешкою, обращаясь к мужику, который начал разговор, - диковинное дело, как только Карп управляется... Как есть ничего не берет! Дай-ка, братец ты мой, точило... Эх, была у меня коса - вот так уж точно коса! - подхватил Федот, принимаясь водить бруском по лезвию, - и теперь еще две такие же дома остались - вот так косы! Случается, найдешь на такое место - конятником заросло, - такие места есть, - махнешь косою - словно трава валится! В наших местах всё такие-то косы; по два рубля платим; этих, какими вы косите, у нас в заводе нет, впервые вижу...

- Слышь, брат, - сказал словоохотливый мужичок, - ты этак по одной-то половине не води точилом... этак совсем косу затупишь.

- Ничего, ладно, живет! - возразил Федот, возвращая ему точило.

Не поворачиваясь к двум смеявшимся парням, Федот снова принялся за работу: но дело попрежнему не клеилось; чем больше он храбрился, чем сильнее махал косою, тем дело меньше спорилось, - выходило и криво и косо.

- А, Федот! отколь бог принес? - неожиданно спросил Гаврило.

- К Карпу за делом пришел... Он отошел кваску испить; подсобить попросил...

- Да что ты, брат, косы, что ли, в руки не брал? - сказал Гаврило. - Смотри-ка, что натворил!..

Молодые парни опять засмеялись; даже словоохотливый мужичок начал ухмыляться.

- Натворишь поневоле! - возразил Федот, тыкая с сердцем косу в землю, - вишь, у вас косы-то какие... мне не в привычку...

- А как же Карп-то косит? ведь ладно же выходит, не по-твоему!..

- Не такую мы косьбу видали! - сказал Федот тоном надменного пренебрежения, скрывавшим обиженное чувство. - В степи жить приходилось, рожь-то вдвое повыше вашей, - косили не хуже других!.. По два целковых в день получал... стало, не даром; дело свое знаем...

Он замолк, увидев приближающегося Карпа. Гаврило и соседние ребята начали было трунить над Федотом, указывая Карпу на работу его родственника; но ни Карп, ни Федот ничего не отвечали. Первый молча взял свою косу и продолжал работу, которая пошла как по маслу; второй, поправив картуз, обратился к старику и громко вымолвил:

- Приходи же, смотри, как я сказывал...

- Ладно, приду, - отвечал Карп, не поворачиваясь. Такая невнимательная выходка со стороны старика, - и еще при людях, - вконец, повидимому, разобидела Федота; куда ни обращались глаза, он всюду встречал ухмыляющиеся лица. Помявшись с минуту на месте, как человек, который ищет угла, чтобы спрятаться, Федот вдруг повернулся спиною и, никому не поклонившись, никому не сказав слова, пустился мелким, пристыженным шажком в обратный путь.

По мере того однакож, как удалялся он от места, где претерпел столько неудач, стан его заметно выпрямлялся -и глаза снова начали посматривать сверху вниз; проходя мимо подвод и баб, он выступал уже величественным, сдержанным шагом; дальше он начал насвистывать; еще дальше - вся фигура его приняла беззаботный вид человека, который вышел прогуляться для собственного удовольствия; наконец Федот окончательно пропал из виду.

VIII

Известие, сообщенное Федотом, сильно, казалось, встревожило старого Карпа. До того времени болтливый и разговорчивый, он впал вдруг в крайнюю несообщительность; на расспросы соседей, желавших узнать, зачем был Федот, старик отделывался, говоря, что родственник приходил безо всякой цели, а чаще всего отмалчивался. Он точно так же усердно продолжал косить, хотя уже видно было, что работа шла теперь машинально и косою водило не столько сознание, сколько привычка такого занятия. Пот лил с него ручьями; он оставался, однакож, к этому менее прежнего чувствительным; он реже даже останавливался, чтобы дать себе отдых, остыть и порасправить спину.

Несмотря на то, что солнце совсем уже скатилось к горизонту, в поле было почти так же душно, как в полдень. Воздух, напитанный испарениями, был неподвижен; самые тонкие стебельки, приходившие в колебание без всякой видимой причины, стояли теперь, как околдованные; облако пыли, поднятое стадом, которое полчаса назад прогнали в деревню по отдаленному холму, стояло так же высоко и только постепенно меняло свой цвет, превращаясь из золотистого в багровое, по мере того как ниже опускалось солнце.

Наконец солнце скрылось.

- Дядя Карп, народ по домам пошел! - сказал соседний мужичок.

- Шабаш! - послышалось в отдалении. - Шабаш, домой! - подхватили ближайшие косари.

Карп молча подбросил косу на плечо и поднял голову.

В разных концах поля народ направлялся к деревне; то тут, то там раздавался скрип навьюченных снопами телег, которые тяжело покачивались, пробираясь по пашне.

Карп направился ускоренным шагом в надежде догнать сноху свою; но ее нигде не было; она не кормила ребенка, и как все бабы, избавленные от такой заботы, успела, вероятно, отойти очень далеко. Попадались только те бабы, которые поневоле должны были отставать, потому что еле-еле передвигали ногами, неся на спине люльку, а в руках серп и кувшинчик.

При повороте с поля на дорогу Карп встретился с Гаврилой.

- Ну, брат Карп Иваныч, разобидели мы твоего Федота, - смеясь, заговорил староста, - пошел от нас - никому даже слова не промолвил; что за человек такой уродился! Сказывают, опять переменил место; на люблинской мельнице нанялся теперь... Зачем это приходил он? Тебя, что ли, проведать?

- Эх! - произнес старик, махнув рукою.

- Разве что неладно?

- Такое дело, совсем даже в сумленье приводит; зарецкий Аксен, что лесом торгует, прислал его ко мне...

- Зачем?

- Сказывал я тебе, приторговал я у него избу, - начал Карп таким голосом, как будто у него накипело в сердце и он рад был, наконец, высказаться, - задатку взял он с меня семьдесят рублей; дело совсем сладили; теперь прислал Федота, говорит: "прибавить надо к прежнему задатку"; очень, вишь, много народу на ту избу охотятся и деньги все сейчас отдают; "несходно, говорит, ждать до осени!" Сам суди, Гаврило Леоныч, откуда взять теперь денег? Хлеб не убран, и хошь бы и убран был - все одно не время его продавать; только в убыток продашь... Вот дело какое - шут его возьми! Я третий год за избой гоняюсь; так было обрадовался; моя совсем плоха; насилу прозимовали... Коли Аксен заартачится, не знаю, право, где уж искать избу; в своей зиму никак не проживешь; вся кругом как есть промерзает... Эх, шут его возьми! скрутил он меня этим по рукам и ногам...

- Почем за избу-то просит?

- Уговор был двести тридцать рублей, совсем уж было поладили...

- Сходно; по теперешним ценам на что сходнее.

- Об том и сокрушаешься; сходнее не найти; потому больше и жаль, Гаврило Леоныч... - вымолвил старик, насупив брови.

Немного погодя сквозь сереющие сумерки открылась деревня; войдя в околицу, Карп и Гаврило расстались.

IX

Антоновка выстроена была под самым скатом, на плоской луговине, которую огибала небольшая речка: во всякое время на улице стояла топь непроходимая; только теперешнее лето могло вполне просушить ее и превратить грязь в слой пыли. Избы шли в два порядка, со множеством узеньких проулков; в глубине деревни, там, где речка делала поворот и пропадала, высоко подымалось несколько старинных ветел; дальше, за ветлами, снова шли пологие холмы, исполосованные оврагами и темными клиньями сосновых перелесков.

Изба Карпа выходила углом в проулок и на улицу; она действительно никуда больше не годилась, как в лом; бок ее, смотревший на улицу, круто выпучивался и, без сомнения, давно бы повалился, если б хозяин не позаботился подпереть его двумя осиновыми плахами; все пазы были вымазаны глиной, которая истрескалась от жары и во многих местах отвалилась. Изба была одною из самых старых в деревне; Карп, доживавший уже седьмой десяток, не помнил, когда ее ставили. Ветхость избы еще заметнее бросалась в глаза от соседства с плетнями, которые отличались плотностью, стояли прямо на толстых высоких кольях. Карп не осиливал только с избою; все остальное, что зависело от его рук и средств, смотрело как нельзя пригляднее и обличало домовитого, деятельного хозяина.

Войдя на двор. Карп встречен был блеянием овец, фырканьем трех лошадей и глухим чмоканьем коровы, которая в сумерках принимала вид огромного белого камня, брошенного посреди двора. Старик повесил под навес косу, вступил в темные сени, но наткнулся на кого-то и поспешно отступил на шаг.

- Ай, дедушка, чуть Ваську не уронил! - раздался тоненький голосок.

При этом на крыльцо выступила девочка лет семи, державшая на руках толстого, как пузырь, ребенка, который кряхтел и отдувался, как словно не его тащила девочка, а он нес ее на руках своих.

- А сама что под ноги лезешь! - проговорил ворчливо дедушка, входя в избу.

В избе царствовала уже тьма кромешная; от жары едва можно было переводить дух; мухи, бившиеся на потолке и в окнах, наполняли ее глухим журчаньем. Заслышав шум у печки, Карп обратился в ту сторону.

- Старуха, ужинать собирай; я чаял, все уж у вас готово...

- Сейчас, батюшка; сейчас сноха вынесет стол на крылечко; здесь пуще жарко... Нонче печь топили; новые хлебы, из новой муки пекла; мука белая, хорошая, на скус хлебы прошлогоднего лучше...

Но и это обстоятельство, всегда почти тешащее душу простолюдина, столь бедного на прихоти и радости всякого рода, не произвело никакого действия на Карпа.

Он повесил голову, вышел из избы и снова в сенях чуть было не сшиб с ног девочку, которая, вся изогнувшись на один бок, тащила толстого Ваську.

- Ох! - крикнула девочка, с трудом пятясь назад, - ох, дедушка, - Васька! Ваську чуть не уронил!..

- А ты опять под ноги лезешь!

- Что ты его взаправду все таскаешь - сядь поди с ним, Дуня! Сядь, - проговорила сноха, явившаяся на крылечко собирать ужин.

- Здорово, батюшка! - раздался голос из-под навеса, и на дворе показался рослый мужик, лицо которого невозможно было рассмотреть за темнотою.

Это был сын Карпа и муж молодой женщины, хлопотавшей с ужином. Карп лет уже семь освобожден был, за старостью, от всякой работы: он постоянно, однакож, ходил в поле и исполнял все мирские и господские повинности; старик находил расчет работать за сына, который в это время управлялся в собственном поле или занимался дома; расчет был верен: Петр (так звали сына) был одним из лучших работников Антоновки.

Выйдя из-под навеса, Петр махнул рукою и погнал лошадей к воротам.

- Погоди, Петруха, - сказал старик прежде еще, чем сын коснулся ворот, - кто нынче у нас в ночном? Чей черед?

- Андрей Воробей с ребятами поедет.

- Смотри, молодого серого меринка не спутывай: он не сильно боек, не уйдет от табуна; боюсь, как спутаешь, зашибут его копытами... У Гаврилы кобыла бойкая такая, скольких уж зашибла!

- Ладно, батюшка!

Серый этот меринок дороже был Карпу всей остальной скотины; в продолжение десяти лет старику, несмотря на все старания, никак не удавалось вывести ни одной лошаденки своего завода; все или дохли, или оказывались слабыми; этот конек вознаградил его, наконец, за все неудачи: серый меринок, которому пошел уже четвертый год, удался во всех статьях; старик не мог на него нарадоваться и берег его пуще глазу.

Петр отворил ворота и вышел с лошадьми на улицу. Немного погодя он вернулся, поднялся на крыльцо и сел подле отца на лавку, которую поставила жена.

X

- Что, как нонче день? - спросил старик.

- Ничего, батюшка, ладно; рожь совсем решил, завтра возить стану.

-Сыплется, чай?

- Сыплется, только не много; в пору захватили; умолот будет знатный!..

В эту минуту старуха поставила на стол чашку с тертым горохом, приправленным маслом.

- Ты, касатик, хлебца-то новенького отведай, - сказала она, подавая мужу полновесный ломоть и крепко нажимая его пальцами, как бы желая доказать этим мягкость и доброкачественность хлеба, - отведай, батюшка: с прошлого года новенького хлебца не, ели...

-Ой! бабушка, пропусти! ой, не пролезу; ох!.. - отчаянно прокричала вдруг Дуня, стараясь пролезть между столом и лавкой и всеми силами упирая живот Васьки в край лавки, а собственный затылок в стол. - Ой, не пролезу! бабушка, пропусти! - повторила она, но уже со слезами в голосе.

- Ступай, родная; ступай, Христос с тобою... - промолвила бабушка, торопливо отодвигая лавку,

- Ой, тятька, пропусти... ой, уроню Ваську! - снова закричала Дуня, увязая на этот раз между столом и коленями отца.

Петр привстал и подсобил дочке усесться с Ваською между собой и дедом.

Во время этих переходов и неудач, повторявшихся сто раз в день, на долю Васьки выпадало всегда большое число испытаний, даром, что сидел он постоянно на руках сестры и казался вдвое ее сильнее. Часто тоненькие руки Дуни туго обхватывали Ваську поперек живота; часто, заигравшись на улице с подругами и поспешая на зов матери или бабушки, она второпях брала Ваську таким образом, что он совсем перевешивался набок, цепляясь ручонками за ее рубашку; случалось даже Ваське висеть головою вниз и болтать в воздухе ногами; но все это было ему решительно нипочем; в какое бы трудное положение ни приводила его Дуня, он казался совершенно довольным и никогда не пищал; но зато стоило сестре попробовать посадить его на лавку или на траву, - Васька мгновенно багровел, начинал трясти руками, наливался весь кровью, так что даже кожа его лоснилась, - и разражался вдруг пронзительным воем, который сию же минуту привлекал и мать и бабушку.

Усевшись со своим неизбежным спутником, который открыл рот, как только услышал запах еды, - Дуня придвинулась к чашке; ложка девочки ни разу не коснулась ее губ без того, чтобы сначала не попасть в рот брата; она пичкала его с таким усердием, Васька так уписывал, что отец и мать только посмеивались.

Одна бабушка не разделяла их веселости.

- Ешь, батюшка; кушай на здоровье, касатик, Христос с тобою! - повторяла старушка озабоченным голосом.

После ужина Карп обратился к востоку, перекрестился и потребовал шапку.

- Куда ты? Никак идти собрался? - спросила старуха.

- Да; дело такое вышло... Шапку давай! - повторил Карп, усаживаясь на ступени крыльца, чтобы снять лапти.

- Куда ты, батюшка? Никак взаправду идти хочешь? - спросил в свою очередь Петр.

- Да, на реку надо сходить...

- Ты бы завтра; не то мне вели-я сбегаю.

- Нет, дело такое, надо самому идти, - приду, отдохну потом.

Карп взял шапку и вышел за ворота, плотно заперев их за собою.

101

XI

Темная звездная ночь давным-давно обняла небо.

Выйдя за околицу, Карп несколько раз шмыгал босою ногою по траве; нога его осталась почти сухою; воздух, не освеженный росою, был тяжел, душен, точно перед грозою; нигде, однакож, не видно было признака тучи: только зарницы, вспыхивая поминутно, обливали окрестность красноватым светом.

Дорога на Оку шла все время по берегу маленькой речки; сделав крутой поворот за Антоновкой, речка протекала дном плоской долины и версты три далее впадала в Оку. Местами бока долины суживались, местами расходились, образуя по обеим сторонам речки более или менее пространные луговины.

Приближаясь к первому из этих лугов, Карп услышал лошадиное фырканье, сопровождаемое визгом и глухими ударами копыт. При блеске зарниц различил он табун, который только что выгнали в "ночное". Старик свернул с дороги и пошел к лошадям. Почти в ту же минуту его окликнули:

- Кто идет?...

- Я, - отозвался Карп, направляясь прямо к длинному человеку, который так же скоро шел к нему навстречу.

- Ты, Карп Иваныч? - заговорил длинный человек тоненькой, надорванной фистулой, которая заслужила ему еще с детства прозвище Воробья, - я вечор еще собирался поговорить с тобою...

- Об чем это?

- Сродственник твой Федот, что женат на твоей племяннице, нанялся теперь на люблинской мельнице...

- Знаю: ну так что ж?

- Скажи ему, - произнес Воробей, неожиданно оживляясь, причем голос его сделался еще пронзительнее, - скажи ему, коли станет он шляться у моей риги или застану его опять у себя в огороде - ему так не сойдет; там что ни выйдет, на себя пусть пеняет!..

- Что ты, Андрей; в другом чем не постою за него, а насчет то есть баловства такого, чтобы на чужое добро польстился, - этого за ним никогда не водилось; никогда об этом слуху даже не было...

- Я не насчет того говорю, - подхватил Воробей тем же раздраженным голосом, - я знаю, чего ему надо; он, собака, к сестре моей подлащивается, вот что! Она хошь и солдатка, человек вольный, а пока с нами живет, не хочу я этого сраму брать... Не хочу, чтобы ходил он к нам! Ей-богу, провалиться на месте, - коли еще раз застану в риге или увижу в огороде, - ей-богу, мы с братом намнем ему бока так, что не встанет!.. Так и скажи, коли увидишь; так и скажи! Ей-богу, исколотим всего в один синяк! Так и скажи!

В ответ на это Карп только тряхнул шапкой и досадливо кряхнул. Рассудив, что при теперешнем настроении Воробья нечего думать поручать ему присмотреть за мерином, старик простился с Андреем и, обещав поговорить Федоту, поплелся далее.

Вскоре шум табуна начал удаляться и, наконец, совсем пропал.

Мертвая тишина стояла над рекою и склонами долины, которые то озарялись зарницами, то погружались в темноту непроницаемую.

Карп услышал шум небольшой мельницы, которую также содержал богатый люблинский мельник. Люблинская мельница находилась уже при самом впадении речки в Оку. Миновав плотину и пройдя вдоль забора, ограждавшего мельничный двор, за которым раздался сиплый лай цепной собаки, Карп продолжал путь другим берегом реки.

С этой стороны бок долины неожиданно изменялся; склон ее подымался круче, и весь, сверху донизу, покрыт был густым орешником; местами, как основы великанов, возвышались над чащей сухие столетние дубы, простиравшие к небу черные, причудливо изогнутые ветви. Немного далее, лес, как словно насильственно раздвинутый, оставлял с вершины холма донизу совершенно голую почву, покрытую рядами ям и бугров, которые, каждый раз как вздрагивала зарница, придавали перелеску особенно мрачный, пустынный характер.

XII

Место это считалось вообще "недобрым" в околотке. Тут, сказывали, находилась когда-то деревня, которая до последней щепочки выгорела от громового огня. Носились также слухи, будто в давние времена Ока при весеннем разлитии принесла сюда росшиву, нагруженную татарским золотом; барка застряла именно в этом месте, после чего ее доверху занесло илом. Лет тридцать назад нашелся одинокий старый мужичок (Карп помнил его очень хорошо), который не шутя прельстился сокровищами, скрывавшимися будто бы в этом месте. Он стал ходить сюда чаще и чаще; сначала ходил он так, ради любопытства; осмотреться, что ли, ему прежде хотелось - неизвестно; потом начал брать с собою скребок и уже каждый день с утра до вечера, с зари до зари, проводил время, взрывая и ворочая землю. Так провел он целое лето. Он с каждым днем заметно более и более впадал в раздумье; мало-помалу перестал он с людьми разговаривать, начал дичиться и бегать от ближайших знакомых. Раз, - это было уже осенью, - батраки люблинской мельницы, проходя мимо этого места холодною морозною зарею, нашли старика распростертого навзничь с лопатою в руках: стали его окликать, подошли ближе, - он был мертв.

Множество баб и даже некоторые, повидимому, степенные люди положительно утверждали, что самим им случалось, проходя мимо Глинища (так звали место), слышать подземный жалобный стон, от которого сами собою начинали шевелиться уши и холод пробегал по спине и волосам. Короче сказать, место считалось "проклятым", и редкий человек даже средь белого дня не проходил мимо, не ускоряя шага.

Но Карп, надо полагать, не верил таким слухам; быть может также, чувство страха ослаблялось в нем привычкой; более шестидесяти лет ходил он мимо Глинища, и во все это время ни разу с ним ничего не случилось. Мудреного нет тоже, мысли Карпа слишком сильно заняты были предстоящей беседой с Аксеном, чтобы мог он обратить на что-нибудь внимание.

По мере приближения к Оке лес редел, и щеки долины расходились, оставляя место просторным лугам. В непроницаемо темной глубине сверкнула, наконец, Ока; по мере того как река открывалась, удушливый воздух заметно освежался. Слева, над берегом, возносились черными неправильными углами строения большой люблинской мельницы. Дорога делала неожиданно поворот и прямо вела к парому. В то время, когда Карп проходил мимо пристани, парома не было; недвижною темною точкой стоял он, казалось, на гладкой поверхности реки, отражавшей мириады мигающих звезд. Далее, шагах во ста от пристани громоздилась куча бревен; тут же насупротив возвышалось несколько новых, непокрытых срубов.

Проходя мимо одного из них, Карп невольно приостановился и оглядел его сверху донизу; это была та самая изба, которую он приторговал у Аксена.

Карп прямо пошел к маленькой крытой избушке, в которой летнею порою помещался обыкновенно Аксен.

У входа, на траве, раскинувшись на войлоке и прикрывшись полушубком, лежал человек, который храпел "во всю ивановскую".

XIII

- Аксен! - сказал Карп, нагибаясь к спавшему и слегка подталкивая его. - Аксен Андреев!..

- А? - проговорил Аксен, высовывая из-под овчины голову и прерывая свой сон безо всякого затруднения, с легкостью, свойственною вообще тем деятельным простолюдинам, для которых первый жизненный вопрос - дело, барыш, и которые отдаются отдыху не в условный час, не когда захочется, а когда свободно и где придётся.

- К тебе, Аксен Андреич! - вымолвил старик не совсем уверенным голосом, - в другое время недосуг ходить; ты присылал ко мне нонче Федота.

- Посылать - не посылал, только велел сказать при случае: ты бы ко мне как-нибудь понаведался.

- Сказал он... Я все в толк не возьму, Аксен, право, в толк не возьму; ведь я тебе семьдесят рублей задатку отдал...

- Отдал.

- Тогда уговор у нас был: семьдесят рублей задатку, а в осень, после уборки, остальные деньги... Совсем было того - поладили; теперь что ж это будет такое? Ведь этак, Аксен, не годится, право, не годится...

- Экой ты, братец мой, чудной какой! - право, чудной! Я от задатка твоего разве отказываюсь? Говорю только: надо как-нибудь сладить, потому выходит дело совсем несходное. Всяк свой барыш наблюдает; ты норовишь себе потрафить - я себе... Вот теперича человек двадцать напрашиваются на избу-то! - и деньги все сейчас отдают, как есть до копейки. На прошлой неделе выселковский мужичок приходил ко мне; так тот тридцать рублей лишку давал, в упрос просил, отдай только! Рассуди сам таперича: люди деньги выкладывают; барыши дают; за тобой надо ждать еще два месяца, пожалуй что и тогда не разделаешься с хлебом, - не соберешься с деньгами... Суди, сходно ли? А насчет задатка говорить нечего, возьми его хоть завтра...

- Что ж ты прежде мне об этом не сказывал? - произнес старик досадливым голосом, - вишь, время какое - самая уборка! Сам знаешь: где нашему брату достать денег?.. Где их взять!

- Денег у тебя не спрашиваю; может, так как-нибудь, без денег, сойдемся.

Карп ясно понял, что Аксен неспроста отказывался от денег, что, верно, держал на уме какое-нибудь намерение. Старик не показал, однакож, виду своего недоуменья; он сделался только внимательнее прежнего.

105

- Вот к осени коров стану бить на мясо, - проговорил Аксен, - не найдется ли у тебя лишней скотины?..

- Всего одна корова.

- Ну, в другом чем сойдемся... У тебя меринок серый трехгодовалый... его отдай; цену, какую положишь, та и пойдет в счет избы...

Предложение Аксена поразило Карпа самым неожиданным образом. Он знал очень хорошо, что Аксен не тот человек, чтобы стал говорить зря и наобум касательно приобретения лошади, что, верно, он имел свои виды, что все давно было у него обдумано.

Несмотря на свою наружную простоту и сговорчивость, Аксен принадлежал к числу самых тонких, самых пронырливых и хитрых мужиков уезда. Способность его пронюхивать барыш там, где другие барыша не подозревали, могла только равняться с его оборотливостью и неутомимою деятельностью. Аксена видели всюду, на всех ярмарках, базарах, по пристаням в торговые дни; он вел торговлю сплавным лесом, досками, солил солонину, торговал говядиной, жег кирпичи и известку, скупал рощи, сымал сады у помещиков. Нельзя сказать, чтобы товар его был хорош и отличался доброкачественностью; все делалось спешно, зря, на живую руку: говядина была тощая, яблоки снимались незрелыми, срубленный лес продавался всегда сырым, кирпичи были недопечены. "Ничего, сойдет!" - говорил всегда Аксен. И точно, крестьяне и помещики уезда поневоле должны были обращаться к Аксену, который силою денег и деятельности завладел мелкою торговлею уезда.

Карп знал также - и это всего более приводило старика в расстройство, - что, при простоте своей и сговорчивости, Аксен - человек крепкий, как кремень: если уж что заберет в голову, ни за что не отступится. Нечего, значит, было и разговаривать; надо было тут же решиться или уступить серого меринка, или взять назад задаток и отказаться от избы. Тем не менее Карпу обидно как-то показалось уступить сразу, с первого слова.

- Рассуди теперь и ты, Аксен Андреич, - произнес он внушительно, - у меня две лошади: хорошо, отдам я тебе меринка, как же я при одной останусь?..

- Скоро осень, а там и зима привалит; больше одной лошади держать тогда незачем; у вас же все на оброке, не справляют, зачем две лошади? Куда их? только корм травить понапрасну... Пожалуй, я и на то согласен: до того времени, как в поле работа не кончится, оставь у себя меринка, я за этим не погонюсь.

- Кто ж тебе об нем сказывал? - спросил Карп, у которого при этом словно подступило к сердцу.

- Мало ли сюда ходит всякого народу... из вашей деревни, из других также; пуще, признаться, хвастал сродственник твой Федот...

- Он-то, собака, из чего? - промолвил старик, быстро сжимая кулаки и так же скоро разжимая их, чтобы не заметил этого собеседник.

- Уж этого я не знаю; только каждый день придет, и давай хвалить... Заезжай, говорит, погляди да погляди! Было мне к вам по дороге, я и подъехал к вашему табуну... Федот со мной ввязался; он и лошадь указал... Точно, лошаденка складная; шестьдесят рублей можно дать.

Подвернись в эту минуту Федот, старик разругал бы его на все бока, мало того, вцепился бы, кажется, в жиденькую бородку родственника и тряс бы ее до тех пор, пока волоска не осталось.

Тут между Карпом и Аксеном завязался сильный торг, который кончился тем, что Аксен прибавил за мерина еще четыре с полтиной; на том дело и остановилось. Эти шестьдесят четыре с полтиной, приложенные к прежним семидесяти рублям, составляли сумму, которая, в качестве задатка, совершенно удовлетворяла Аксена; с Карпа оставалось получить около ста рублей; Аксен соглашался ждать эти деньги до осени, как прежде было условлено.

- Когда же за мерином-то прислать? - спросил Аксен.

- Хошь завтра, хошь послезавтра - когда хочешь! - проговорил Карп отрывисто.

Он поправил шапку, которая во время этих разговоров совсем скосилась на сторону и, простившись с Аксеном, повернул на дорогу.

- Эй, слышь, Карп! - крикнул Аксен, делая шаг вперед, - слышь - Федот ко мне просился; взять его, что ли?

- Провались он совсем! - нетерпеливо возразил Карп.

- Не брать, стало, что ли?

- Ведь он, собака его ешь, две недели всего нанялся на люблинской мельнице - чего ему еще? - спросил Карп, останавливаясь. - Три целковых в неделю жалованья одного получает, чего ж еще - собаке!

- Он, что ли, тебе сказывал? - смеясь, вымолвил Аксен, - ну, здоров, значит, врать-то! Всего за четыре рубли в месяц живет: за ту же цену и ко мне просится; так как же, по-твоему, взять его, что ли?

- А пес его возьми совсем! - с сердцем сказал Карп, удаляясь.

XIV

Когда Карп подошел к окраине той части берега, где находилась пристань, паром стоял уже на причале. Фигуры двух перевозчиков смутно обозначались на песке берега; сколько можно судить по голосам, тут, кроме перевозчиков, находилось еще несколько человек. Все они сидели у самой воды и громко разговаривали. Проходя мимо, Карп явственно услышал голос Федота.

Первым движением старика было сойти по скату берега и тут же, при людях, осрамить Федота и разругать его на чем свет стоит: но он удержался, рассудив тотчас же, что этим дела не поправишь. К тому же степенный нрав старика противился всякому шуму и брани, - особенно на миру, при чужих людях.

"Ну его, поганца! подвернется где-нибудь в одиночку - я ему. тогда все припомню!" - подумал старик, отводя глаза от парома.

Голос Федота громко раздавался: заметно было, он говорил с жаром и увлеченьем.

Карп невольно замедлил шаг; минуту спустя он остановился и насторожил слух; любопытно стало ему послушать, о чем это так горячо тараторил его родственник.

- Эта невидаль пять пудов поднять! Как жил я на крупчатой мельнице под Коломной, такие у нас батраки были, мешка по четыре пшеницы в третий верх таскали! Значит, пудов по десяти! Самому, бывало, не однова случалось... Известно, был я в ту пору помоложе!.. Да это что, братцы, - вот дед был у меня, так точно была силища! Супротив него таких теперь и людей нет! Пойдем, бывало, на пристань в базарный день, распояшется: "выходи!" кричит; первого, кто покуражился, хлобызнет, бывало, под сусолы либо под микитки - тут тому и конец... Бывало, часа по три без отдыха бьется, ведь даже синий сделается, словно чугунный котел; а все, кто ни подвернется, - так и кладет лоском. "Нет еще, говорит, человека такого, кто бы победил меня! Был бы только, говорит, крест на человеке, со всяким буду драться, никого не боюсь!.." Такая была крепкая скотина!.. А насчет того, о чем прежде спрашивали, братцы, - это мне наплевать! я был и сам у Герасима (так звали люблинского мельника) - ни за что не остался! Нанялся я у него потому больше, что надо как-нибудь время проволочить недельки еще на четыре! - с уверенностью продолжал Федот, - такой уговор был у меня с купцом Бахрушиным... Прокофий Андреевич - знать... Вы, чай, об нем слыхали? первейший купец в Коломне, мильонщик, торгует на первый сорт, и в Москве также лавку свою содержит... Такой уговор, был у нас: "как поделюсь, говорит, с братом, ты, Федот Васильич, ко мне поступай, и жалованье, примерно, и все такое, говорит, будет тебе по самому настоящему положенью..." Он сродни мне доводится... по жене... Потому жена моя купеческого званья... Жду, значит, теперича этого раздела промеж братьев; по той самой причине и поступил сюда... Главная причина, мы к этой мельницкой должности не приучены; жили всё по торговой части, этим больше сызмалетства занимались, и родители мои также... Упокойный родитель трактир содержал; также лавку с красным товаром.

- Вы, значит, в городе жили? - спросил один из слушателей.

- Нет, дома; только у нас село больше другого города; церквей одних семь, и все каменные; дома также все каменные; фабрик одних никак пять или шесть... Всё богачи содержат, купцы московские и серпуховские... Мы к торговле с малых лет приобучены... Во всем, значит, привычка требуется... Посади теперь любого из вас, братцы, в лавку либо в трактир, как есть ни один не управится, - в лесу все единственно!..

- Где! куда тебе! Уж это как есть! - отозвалось несколько слушателей.

- Главная причина, Прокофий Андреич потому и звал меня; знает, я ихнее дело наскрозь произошел... Хозяйка моя тем временем своим домом станет управляться... У нее две батрачки... да еще девочку нанимает для подмоги.

- Что ж много? - спросил кто-то.

- А ты думаешь, как? - еще словоохотливее заговорил Федот, - у меня дом-то немалое количество: в три сруба выстроен!.. В наших местах все так строят; нет этих здешних изб... Внизу стряпают; работницы и батраки живут...

- Ты разве и батраков держишь?

- А то как же? Двух нанимаю... Кто ж бы землю-то стал пахать?.. У нас земли и лугов не то, что здесь... Ну, внизу батраки, вверху горница - мы с женою занимаем... Вот, братцы, коли кто из вас в Москву пойдет, заходите дорогой... Меня не будет - все единственно, к хозяйке моей зайдите; скажите: "Федот, мол, прислал"; сами посмотрите наше житье... Прошлого года дом мой под трактир нанимали, только не отдал; несходно... И хозяйка так говорит: "не отдавай, говорит, Федот Васильич; самим потом нанимать надо, одно на одно выйдет..." Заходите же, братцы; посмотрите на мое житье, сами скажете: из какого, мол, дьявола таскаться так-то Федоту по мельницам!

- То-то и я так думаю... - проговорил тоном недоверия и насмешки один из слушателей, - хошь бы теперича набиваешься ты к Аксену в работники... Из какой такой неволи?..

- Эх, братец ты мой! - произнес Федот с таким выражением, что можно было думать, он обращался к пустому и вздорному малому, который совался в разговор затем только, чтобы противоречить. - Говорю вам, братцы, пуще всего надо проволочить время. Пока Прокофий Андреич с братом не поделятся - все же одно, делать нечего, деньги свои понапрасну проживать, что ли?

- Денежки-то, стало, водятся?

- Да, - проговорил Федот с какою-то густотою в голосе, - после упокойного родителя тысчонки две, может, осталось... и, теперича есть...

- Врешь! - отозвались почти все в один голос.

- Приходите, покажу... И больше было, только дом дорого стал, на стройку много пошло...

- Где ж у тебя эти деньги? - спросил кто-то.

- Известно, в сундуке спрятаны; где ж им больше быть?..

- Уж подлинно: охота пуще неволи! - снова заметил собеседник, обращавшийся с недоверчивостью... - Будь у меня такие деньги, стал бы я, как же, по чужим людям шляться...

- Говоришь, так, братец ты мой, потому, - денег у тебя нет своих, - вот что! было бы, стал бы беречь их, все единственно... Коли сила есть в тебе, почему ж и не поработать? - рассудительно продолжал Федот, - бережешь пуще к старости, было бы тогда чем прожить, вот что! Хоронишь также деньги из осторожности; люди бы не зарились, взаймы не просили: покажи только; тот: "Федот Васильич, ссуди"; другой: "Федот Васильич, ссуди"... Дашь - поди ищи потом, не то и вовсе пропали... Уж ведь бывали статьи такие! У меня сродство большое... Есть богатые, есть и бедные... всякие есть!.. Вот бы хошь теперь в Антоновке, может знаете, старик живет, Карпом звать?.. сродни приводится... Также немало ему от меня денег-то перепало... почитай, я его и поправил... Теперь избу новую торгует... Покажи только деньги, вынь их, сейчас пристанет: "дай, да дай!.." Потому больше их и хоронишь!..

XV

Карп слушал-слушал и только качал головою, пожимал губами и время от времени ударял ладонями по коленям. При последних словах Федота он только плюнул.

- Ах ты, провал тебя возьми! собака ты этакая непутная!.. - проговорил он, выходя на дорогу и ускоряя шаг.

Перебирая все, что привелось теперь слышать, старик невольно забыл на минуту свое горе; ой начал даже усмехаться.

Действительно, было над чем потешиться. Во всем, что говорил Федот, не было правды на маковую росинку. Жил он в маленькой разоренной деревушке, где не было даже часовни; дом его состоял из полуобвалившейся дымной лачужки, имевшей вид заплаты даже в соседстве невзрачных избенок; не было у него ни сохи, ни лошади, ни коровы; землю свою отдавал он за девять рублей в год одному из соседей. Жена Федота доводилась, как известно, Карпу, племянницей; она была круглая сирота, и сам же Карп снарядил ей, по силе своей, кой-какое приданое. Она существовала тем, что ходила работать то к одной соседке, то к другой, и жила в страшной бедности. Федот не заглядывал домой по целым полугодам. К какому бы месту он ни прилаживался, ему нигде не уживалось; он сам отходил, или его рассчитывали.

В первые два-три дня он приводил в восхищение самого взыскательного хозяина: расторопность его и усердие в работе - не имели границ; он разом хватался за все, и все кипело и выправлялось в руках его; не только прикладывал он старание к той части, для которой собственно его наняли, но радел и надсаживался там, где, казалось, его вовсе не спрашивали; он выметал двор, чистил хозяйский самовар, приколачивал жерди или доски там, где они доставляли удобство; и вдруг, на третий или четвертый день, все это радение плашмя падало; он ни с того ни с сего насупливался, переставал говорить, словно его чем обидели, и, наконец, вовсе бросал заниматься делом: проводил день-деньской сидя у ворот или так бил баклуши. И все это происходило вовсе не потому, чтобы действительно нашел он повод быть чем-нибудь недовольным; такой уж, видно, каприз напал. Вдруг казалось ему, что хозяева не довольно его ценят и не отдают ему должного уважения; или выходило все из того, что он вдруг обижался, зачем, при возвращении с работы, хозяева не поставили ему самовара, тогда как он прежде вовсе не думал об этом, никогда этого не случалось, никогда даже не думали уговариваться насчет самовара ни хозяева, ни сам Федот. Как только такал дурь попадала Федоту в голову, он делался невыносим. Он начинал смотреть на всех свысока, делался недоступно-гордым и уже с этой минуты никого не удостаивал словом; едва-едва даже отвечал хозяевам, когда те спрашивали о самом важном деле.

Рассказы Федота недолго, впрочем, занимали Карпа; послав его мысленно к нечистому, старик снова обратился к настоящим своим делам и снова отдался прежним тревожным думам; к ним присоединялась теперь мысль об утрате серенького меринка, которого он так долго ждал, берег и холил с такою заботливостью.

Таким образом Карп незаметно почти возвратился в Антоновку; он не пошел к околице, но повернул задами деревни, прошел к себе в ригу, помолился и растянулся на соломе, прикрыв лицо шапкой.

XVI

В сельской трудовой жизни, особенно с апреля до октября, время пролетает с неимоверной быстротою; не успеваешь кончить с одной работой, смотришь, уже другая наготове; в иную пору скопляется вдруг столько занятий, что длинный летний день кажется коротким. Несмотря, что дело, повидимому, очень немногосложно: все ограничивается овсом, рожью и сеном, - руки неутомимо работают, и пот льется ручьями в продолжение целых шести месяцев.

Самые эти занятия так разнообразны и несхожи одно с другим, что каждое из них не только вносит новые условия в жизнь простолюдина, но совершенно даже дает новую физиономию деревне и окрестности. Всего каких-нибудь четыре недели назад деревни и села были пусты и оживлялись только по праздникам или к вечеру, после солнечного заката. Жизнь сосредоточивалась в поле; там кипела полная деятельность; там от зари до зари неумолкаемо звенели косы, скрипели воза и раздавался говор. Теперь все переменилось; теперь в свою очередь опустело поле; самые стрекозы и мухи неизвестно куда вдруг делись; изредка слышится протяжное посвистывание пастуха, который лениво подгоняет тощее крестьянское стадо.

Время и дожди немало также содействовали к тому, чтобы дать окрестности другой характер; жара миновала, и вместе ей тем побледнело лучезарное небо, на которое нельзя было взглянуть не прищурясь. Рощи смотрят теперь бодро, хотя по опушкам, начинает кое-где показываться желтый лист; луга сбросили болезненный вид и снова стелются ярким зеленым бархатом; темные увлажненные десятины, только что засеянные под озимь, резко отделяясь от бледножелтого жнивья, придают картинность местности, которая прежде затушевывалась скучным, однообразным серым тоном. С речкой также произошла перемена; она стала полнее, так что седые листья лопуха, которыми покрыты были песчаные откосы берегов, кажутся теперь плавающими над водою. Ручьи, едва заметно пробиравшиеся между каменьями, звонко гремят теперь, унося с быстротою обломки древесной коры и сухие листья; но уже в укромных местах, густо обросших зарею и травами, там, где ручьи впадают в реку, - не роятся коромысла со своими стеклянными головками и кисейными крыльями.

Но что особенно бросалось в глаза, так это перемена в Антоновке. Она словно обновилась. Все почти избы покрыты новой соломой; на задах деревни неуклюжие риги заслонены скирдами, которые, привлекательно круглясь в сжатом пространстве гумен, гордо возносят свои остроконечные макушки. Со всех сторон раздаются учащенные удары цепов или слышится шум подбрасываемого на воздух зерна, которое звонко падает на гладко убитый ток.

В этой деятельности, сосредоточенной в деревне, всегда как-то меньше суетливости, чем в поле, даром что там она сжата, здесь рассеяна на большом пространстве. В поле чувствуется всегда присутствие чего-то спешного, судорожно-хлопотливого, - словно весь работающий люд находится под влиянием тревожного какого-то ожидания; в деревне совсем не то; прислушайтесь осенью, в будничный день, к деревенским звукам - в них нет ничего беспокойного. Со всех сторон бьют цепы, шумит рожь, а между тем нет тревоги, нет суетливости; отовсюду веет миром и кротостью - чем-то таким, что сообщает душе спокойное, удовлетворенное чувство.

Тайна этого не заключается ли в тех высоких скирдах ржи и овса, которые заслоняют гумно каждого почти крестьянина?..

XVII

Хотя ворота Карповой риги - те ворота, которые отворялись на ток, - были настежь раскрыты, нечего было думать приступать с этой стороны. Из ворот вылетало, клубясь и подымаясь кверху, целое облако пыли; перед входом громоздился ворох куколи, мякины и всякого сору; кроме того, легкая летевшая пыль ослепила бы глаза. Надо было обогнуть строение и войти в другие ворота, также настежь отворенные, но обращенные к полям, откуда тянул легкий ветерок.

При входе в ригу сначала решительно ничего нельзя было рассмотреть от резкого перехода из света под темную крышу, но это проходило скоро. Прежде всего выставлялись горы взбитой соломы и между ними сквозь облако пыли виднелись Карп, его сын и сноха, которые, стоя друг против друга, неистово махали цепами, стараясь, повидимому, истребить друг друга; потом, при взгляде наверх, постепенно выяснялись кривые стропила и пучки соломы, из которых поминутно вылетали ласточки, стремительно пропадавшие в светлом пятне ворот. Под конец глаз совершенно привыкал, начинал даже любоваться коричневым полусветом, который наполнял ригу и постепенно темнел, приближаясь к воротам, как бы для того, чтобы еще резче выставить всю миловидность светлого пейзажа с клочком голубого неба, зеленым лужком и сверкающим белым облаком, отражавшимся в повороте речки.

Судя по солнцу, время приближалось к полудню, когда за плетнем неожиданно раздались чьи-то охи; вслед за тем в светлом пространстве ворот показалась Дуня.

Пройдя от дому до риги, она совсем уже запыхалась и через силу поддерживала Ваську; выпучив глаза и засунув в рот указательный палец, Васька так же мало, по-видимому, заботился о руках сестры, как паша какой-нибудь о диване, на котором покоится.

- Ух! - вымолвила Дуня, переваливая Ваську на другое плечо. - Дедушка, староста зовет! - подхватила она торопливо, - стучит под окнами, народ собирает... Под ветлой на улице народ собирается!..

- Чего им там надо! - произнес Карп, опуская цеп.

- Не знаю, дедушка! - отозвалась внучка, думавшая, что вопрос к ней относился.

- Гаврило никак в контору не ездил... - заметил Петр.

- Оттуда, может, приказ прислали, - сказал Карп, надевая шапку и утирая рукавом лицо, совсем почерневшее от пыли. - Скоро время обедать, - вымолвил он, останавливаясь в воротах, - вы, как копну домолотите, домой ступайте, я скоро приду.

- Ладно, батюшка! - отозвался сын, принимаясь снова за цеп.

XVIII

Народ действительно собирался к ветле, бросавшей тень на тесовую крышу мирского магазина. Еще издали Карп услышал шумный говор. Судя по тому, с какою поспешностью крестьяне шли к сборному, месту, надо было думать, причина сбора была немаловажная и слух о ней успел уже обежать деревню.

Карп ускорил шаг.

- Карп, слышал? - обратился к нему старый мужичок, толкавшийся вместе с другими.

- Ничего не знаю...

- Оброк требуют!

- Как так?

- Теперь, говорят, требуют...

- Срок к Кузьме и Демьяну; всегда так отдавали... Еще семь недель до срока остается...

- Теперь, говорю, требуют! Из конторы писарь с бумагой приехал; сказывают, наказ такой из Питера барин прислал...

- Кто сказывал-то?

- Гаврило; он и бумагу читал...

Карп, приведенный в смущение таким известием, начал протискиваться в кружок, чтобы узнать что-нибудь повернее: но толку нельзя было добиться никакого; все говорили в одно и то же время, и все говорили разное, перетолковывая каждый по-своему. Теперь, как и всегда, впрочем, в случаях мирской сходки, первым действующим лицом являлся рыжий Филипп, тот самый, который смелее других выражал когда-то в поле свое мнение.

Голос его на этот раз не покрывал остальных голосов; тем не менее плечистая фигура его, целою головою почти превышавшая толпу, появлялась то в одном конце сборища, то в другом; шапка его то и дело пригибалась к уху товарищей, с которыми не переставал он втихомолку, но с одушевлением разговаривать.

- Где ж староста? Куда его носит! все никак собрались... Кого еще надо? - громко, наконец, произнес Филипп, выпрямляя голову. - Эй, Гаврило! - крикнул он еще громче, поглядывая на улицу и обращаясь к старосте, который обходил последние избы, постукивая в окна. - Эй, староста! ступай! Все уж здесь!..

- Иду! - отозвался Гаврило, торопливо направляясь к магазину.

Толпа расступилась и замкнула в свой круг старосту. Человек десять, из которых один только разбирал печать, но не мог читать писаного, легли Гавриле почти на спину.

- Что вы, братцы! - сказал староста, ворочаясь на месте, - думаете, что я от вас утаить хочу, что в грамоте писано... Бери, читай сам, кто хочет...

- Ну, читай, читай! - нетерпеливо вымолвил Филипп, становясь к старосте ближе всех. - Помолчи только, братцы, ничего как есть не слышно.

Вмиг все замолкло.

Гаврило вынул из-за пазухи письмо и прочел довольно внятно и толково следующее:

"Гаврило Андреев, с получением сего приказываю тебе собрать мирскую сходку и объявить о немедленном сборе оброка; в случае если выйдут какие замедления, приказываю тебе не медля явиться в контору и донести мне об этом.

Старший управляющий конторой Попов".

Громкий ропот пробежал в толпе; все заколыхалось и пришло в движение.

XIX

- Что ж нам, братцы, делать теперича? - спросил Гаврило с недоумевающим видом.

- А то делать - не отдавать оброка, - вот и все! - сказал Филипп, оглядываясь вокруг и стараясь увериться, не торчит ли где-нибудь писарь, присланный из конторы. - Сказано: срок к Кузьме и Демьяну, - тому, стало, и быть! - прибавил он решительно.

- Писарь сказывал мне, - начал Гаврило, - из Питера в контору такой приказ пришел; сам барин велел оброк представить...

- Господа нашего положения не ведают; это все вертят эти мошенники управители! - заговорил опять Филипп. - Православные! - воскликнул он, неожиданно обращаясь к толпе, причем лицо его сделалось вдруг таким же красным, как волосы и коротенькая курчавая бородка, - православные! что ж вы стоите, молчите? Надо всем ответ держать!.. Что ж это такое! одно, выходит, разоренье! До оброка целых семь недель сроку остается? Откуда теперь взять его? У многих хлеб еще в поле; а хошь и обмолотились, куда его продашь? Цены нет никакой теперь. Даром, что ли, отдавать?

В толпе опять разом все заговорило, так что в первую минуту невозможно было разобрать слова.

- Погодите маленько, братцы, дайте слово сказать! - крикнул Гаврило.

Снова наступило молчание.

- Обо всем этом, что ты говоришь, Филипп, сами мы знаем, - начал Гаврило, - надо, примерно, не об этом... Настоящим делом рассудить надо... Оброка, говоришь, не платить... Велят - так заплатишь... Надо настоящее говорить... потому словесами одними ничего не сделаешь...

- Изволь, я и настоящее скажу... Давно бы сказал... ты же перебиваешь! Настоящее то, что в контору надо ехать к управителю! - возразил Филипп. - Велели миру собраться - и собрался; миром и положили: время такое - нет силы возможности отдавать оброка; к Кузьме-Демьяну отдадим, как следует по положенью... Теперь нет цены на хлеб... Продать теперь - значит разоренье одно... так и сказать надо!..

Все в один голос подхватили мысль Филиппа. Напрасно Гаврило убеждал в бесполезности поездки к управителю с таким порученьем, напрасно приводил из опыта разные примеры, - мир поставил на том, чтобы Гаврило ехал.

Решив таким образом, толпа стала расходиться, собираясь на улице маленькими кучками, в которых громко говорили.

Карп вернулся домой чуть ли не из последних.

Войдя во двор, он застал жену и сноху под навесом, где стояли лошади; обе женщины, припав к плетню лицом, жадно к чему-то прислушивались. До слуха старика долетели в то же время крики, раздававшиеся у соседа.

Скрип ворот заставил баб обернуться; обе побежали к Карпу.

- Батюшка, касатик, - заговорила старуха, - сейчас Воробей с братом сестру свою, солдатку, били... Так били - у нас даже слышно было... Пришли они, как народ стал расходиться, - и давай колотить... Слышим, кричат... Что такое, думаем?.. Подошли послушать: уж так-то кричит - и-и-и!...

Карп сейчас же смекнул, в чем дело; но он был слишком не в духе, чтобы вступить в разговор и дать жене и снохе объяснение того, что происходило у соседа. Он сделал вид, как будто не обратил никакого внимания на слова жены.

Поднявшись на крыльцо, он сказал только бабам, чтобы скорее собирали обедать.

XX

Несмотря на то, что зори по утрам начинали быть довольно холодны, Карп все еще продолжал спать в риге. В ночь, которая следовала после сборища у магазина. Карп, начинавший уже засыпать, внезапно пробудился и стал прислушиваться. Слух его явственно различил шорох; но где он раздавался, внутри или снаружи риги, - этого в первую минуту не мог разобрать старик... Наконец слышно стало, что кто-то царапался вдоль плетня и перебирал ногами в высокой крапиве, окружавшей ригу. Немного погодя чьи-то руки ощупали деревянный засов и бережно начали отворять ворота.

- Кто тут? - крикнул Карп, торопливо приподымаясь с соломы.

- Я... дядюшка Карп... - проговорил кто-то, шмыгнув в ригу.

- Кто ты? - еще громче крикнул Карп, делая шаг вперед.

- Не признал, что ли?.. Я, я, - Федот! - произнес голос, явно старавшийся принять характер примирительный, заискивающий.

- Так это ты! - мог только выговорить старик, озадаченный таким неожиданным появлением.

- Было мне по дороге, думал отдохнуть у тебя, - подхватил Федот скороговоркою и как бы стараясь замять речь старика, - Аксен просил сходить в Андреевское... насчет, то есть, - корова там у барыни продается... так посмотреть просил... Я у него живу теперича... Ну, запоздал маленько... Дело не спешное, думаю; дай зайду к дяде Карпу, отдохну до зари...

- Врешь, врешь! бесстыжие твои глаза! - заговорил сквозь зубы и как бы с озлоблением старик. - Врешь! знаю я, зачем ты сюда шляешься! Знаю, с какими коровами ходишь... Собака ты этакая!..

- За что ж ты ругаешься...

- Ах ты, непутный ты этакой! - продолжал Карп, все более и более разгорячаясь. - Будь я помоложе, - я бы в тебе места целого не оставил!..

- Не тот я человек, чтобы меня трогать! - обиженным тоном возразил Федот, - никто еще меня не трогал... Это уж я вижу: значит, тебе на меня наговорили...

- Нет, не наговорили!.. Кто разболтал Аксену про мерина, а? - кто?.. Говори, через кого, коли не через тебя, лошадь отошла от двора моего?..

- Слушай, Карп Иваныч, - снова скороговоркою начал Федот, - провалиться мне на этом месте, отсохни мои руки, лопни мои глаза...

- Молчи, бесстыжий! Не божись лучше, не греши... Сам я про все знаю. - Стой, погоди! - воскликнул Карп, думая, что Федот хочет улизнуть, тогда как Федот отступал только в сторону, боясь, чтобы Карп его не ударил. - Сказывай, благо придало к случаю: какие и когда давал ты мне деньги? а? Говори, когда я брал у тебя? Зачем же ты рассказываешь, что ссужал меня деньгами, и теперь хоронишь, которые остались, - боишься, не стал бы я просить на избу...

- Отсохни мои руки, лопни мои глаза... - начал было Федот, но Карп не дал ему договорить.

- Молчи, окаянный, не божись, сам слышал!

- Ничего я этого не говорил.

- Врешь! Как шел я намедни ночью от Аксена, сам слышал, как ты на пароме...

- Что ты? - перебил Федот, - ноги моей никогда на пароме не было! Все это, Карп Иваныч, одни сплетки про меня путают, - подхватил он невинным голосом... - И охота только слушать тебе... Меня все знают!.. Не тот я человек совсем.

- Ну, теперь, - продолжал Карп, не обращая внимания на оправдание своего родственника, - сказывай, зачем пришел? Чего надо?.. Сестра Воробья, солдатка, приманила!.. На себя бы ты поглядел!.. Тебе ли, лысому чорту, такими делами заниматься?.. Хоть бы людей-то постыдился, коли в тебе ни стыда нет, ни совести! Ведь через тебя ссоры только в семье да брань: и то сегодня, через тебя, братья ее таскали... Да и тебе так не сойдет... Воробей с братом сами мне сказывали; попадись только им - тут тебе и голову положить! Они и день и ночь на сторожбе, как бы только поймать тебя; может, и теперь уж укараулили...

- Все это сплетки одни; как пред богом, сплетки... - неуверенно и даже плаксиво проговорил Федот.

- Ладно, сплетки!.. А пока ступай от меня! проваливай! чтоб духу твоего здесь не было!..

- Дядя Карп, пусти переночевать, - сделай милость... Что ж я, чужой, тебе, что ли? - робко промолвил Федот.

- Вон ступай, бесстыжие твои глаза! Вон!

- Дядя Карп, сделай милость...

- Не пущу! - заключил Карп, выталкивая Федота, который пятился назад. - Вон ступай, говорю; вон, - и на глаза мне не показывайся!..

Карп запер ворота и возвратился на солому. Шуму никакого не было теперь слышно за плетнями; изредка, - и то едва приметно, - раздавался треск сухих стеблей, ломавшихся под ногами, которыми, очевидно, переступали с большою осторожностью. Наконец все замолкло, кроме петухов, которые начали вдруг драть горло, почуяв полночь.

XXI

Но не успел Карп заснуть, шум в воротах снова привлек его внимание; на этот раз кто-то смело стучался.

- Кто тут? - с досадою крикнул старик.

- Я, дядя Карп! - отозвался голос Филиппа. Карп поднялся на ноги и отворил ригу.

- Я затем к тебе в такую пору - не видать теперича... Не станут, значит, болтать... - сказал Филипп. - Слышь, дядюшка, вот дело какое: я, почитай, уж со всеми перемолвил, все в одном утвердились: до Кузьмы-Демьяна не отдавать оброка! Тут толковать нечего; знамо, не барину нужно; господа люди понятные; одна тут управительская воля. "Как, мол, хочу, так и верчу!" вот что! Управитель у нас новый; возьмет такую привычку - житья нам не будет... Мы вот на чем положили: известно, один человек упрется, ничего не сделает, - в рог согнут! А как миром что скажут, коли весь мир в согласии, - тут хошь не хошь, ничего не возьмешь; с целой деревней ничего нельзя сделать; всех к становому не отправишь.

- Так-то так, Филипп, - отозвался старик, - не вышло бы только худо из этого...

119

- Эх! братец ты мой, говорю тебе - весь мир в согласии; главная причина, крепко только надо друг за дружку держаться! Мы чего добиваемся? Хотим держаться до поры возможности, чтобы время протянуть до срока; установится на хлеб цена настоящая, хлеб продадим, тогда и оброк бери... Так, что ли?

- Хорошо, как бы так-то...

- Главная причина, - подхватил Филипп с воодушевлением, - не выдавать друг друга! Примерно, хоть тебя спросят: "Зачем не продаешь хлеб?" - "Я, говори, ничего... мир не велит, всем миром так положили ждать до осени!..". Так все уговорились, я со всеми перетолковал; все на одном стоят: не продавать хлеба до Кузьмы-Демьяна, пока цена не уставится... Смотри, Карп, не выдавай; говори заодно со всеми...

- Кому убытки - мне разоренье, - сказал Карп, - коли мне продать хлеб теперь, без цены, да из тех денег оброк отдать, ничего на избу не останется... Надо также и на зиму малость денег оставить...

- То-то же и есть!.. У тебя изба, у другого свои дела; у всякого так-то!.. Так слышь: как другие, так и ты делай; такой уж уговор; я затем и зашел к тебе, чтобы как, то есть, повернее... Ну, прощай, время идти... - заключил Филипп, суетливо выходя из риги.

Карп снова отправился на солому; но сколько ни ворочался он с боку на бок, на этот раз долго не мог заснуть; сон сморил его тогда только, как пропели вторые петухи.

XXII

На другой день вечером Карп, осмотрев свое озимое поле и оставшись очень доволен всходами, возвращался в Антоновку, когда недалеко от поворота в околицу услышал за собою трескотню тележки. Он оглянулся; узнав по гнедой вислоухой лошади владельца телеги, Карп остановился; лицо его заметно оживилось любопытством. Немного погодя телега с сидевшим в ней старостой Гаврилой поровнялась с Карпом.

Уже одна наружность Гаврилы свидетельствовала, что поездка его была крайне неуспешна; он сидел нахохлившись, как воробей после дождя; глаза его против обыкновения мрачно, недоброжелательно как-то поглядывали из-под шапки, пропускавшей большой клин клетчатого платка, которого он не думал поправлять.

- Что, как? - спросил Карп, следуя рядом с телегой, которая продолжала приближаться к околице.

- Эх! - был только ответ старосты.

- Худо, стало быть?

Гаврило тряхнул только шапкой.

- Напрасно, значит, съездил?

- Говорил тогда - нет, не верили! - вымолвил, наконец, староста. - Вышло все по-моему, как я говорил: ничего этого, о чем мы толковали, не берет в рассужденье!.. Только ругается... Грозит еще станового прислать...

Карп зачмокал губами, отнял руку от перекладины телеги и также нахохлился.

Таким образом вступили они в околицу.

Появление Гаврилы на улице произвело ожидаемое действие; многие увидели старосту - и слух о его возвращении мигом распространился по деревне. Едва подъехал он к избе своей и вылез из телеги, его окружила толпа еще многочисленнее той, которая стояла у магазина.

Все, что было взрослого в Антоновке, знало более или менее причину отъезда старосты, и все любопытствовали узнать, какой будет ответ из конторы.

В первые две-три минуты Гаврило не мог выговорить слова - его решительно затормошили; наконец, когда старые люди подали голос, призывая всех к молчанию, - Гаврило передал миру почти то же, что сообщил Карпу.

- Писарь, который вечор приезжал сюда, не соврал нам, - продолжал Гаврило, - точно, грамота такая пришла из Питера! Мне земский оказывал; он и письмо барина видел...

- Да ты сказал ли управителю, о чем мир просит? - неожиданно вмешался Филипп, просовываясь вперед.

До той минуты он молча стоял в толпе и только прислушивался.

- Ругается, кричит, - вот те и все тут! ничего не сделаешь! - ответил Гаврило, разводя руками, - знай только кричит: "станового пришлю!.."

- Эка невидаль! - перебил Филипп, - присылай, пожалуй! Мы становому то же скажем...

- Как же, станет он слушать! Он, знамо, управительскую руку держит, - вымолвил Гаврило, - что скажет ему управитель - тому и быть...

- Это как есть!.. Что он скажет, - тому и быть!.. Эх-ма... - послышалось отовсюду на разные тоны.

- Православные! - заговорил опять. Филипп, с живостью обращаясь к толпе, - неужто взаправду разоряться? По-моему, вот что делать: самим к управителю ехать; выбрать из мира человек пяток и ехать... А коли не поможет, напишем тогда письмо к барину; из Коломны, по почте, чрез пять дней в Питер доставят... Это всего вернее... Помереть мне, коли все это дело не от управителя; помереть - коли барин об этом ведает...

Одобрительный говор пробежал в толпе.

- Православные! - крикнул ободренный Филипп, все более и более воодушевляясь, - выходи, братцы, кто к управителю поедет! Савелий, ступай сюда в круг, - обратился он к рослому смуглому мужику, стоявшему ближе других.

- Охотников без меня много... - проговорил Савелий, запинаясь и пятясь назад.

-Стегней, выходи! - крикнул Филипп другому мужику с оживленным, решительным выражением лица.

Живое и решительное лицо быстро скрылось в толпе.

- Кум Демьян, поедем! опаски никакой нет; удастся - ладно, не удастся - письмо написать можно; поедем! выходи, становись в круг!..

Но кум Демьян, шумевший до сих пор столько же, сколько сам Филипп, был, повидимому, другого мнения. Он глухо пробормотал что-то, и с этой минуты никто уже не слыхал его голоса.

Филипп, у которого побелели губы, обратился еще к трем-четырем человекам, но так же безуспешно.

Толпою, где плечо одного чувствовало плечо другого, все надсаживали горло, выказывали смелость, решимость - и, казалось, готовы были города брать; но, странное дело? как только дело касалось каждой личности порознь, - едва требовалось проверить силу убеждений целого общества по силе убеждения каждого лица отдельно, - каждый, к кому ни обращались, напрямик отказывался действовать и даже назад пятился.

- Полно, Филипп! ничего из того не будет, - проговорил Гаврило, поглядывая на Филиппа, который, казалось, с трудом удерживал кипевшее в нем негодование.

- Известно, ничего не будет, когда сначала все заодно, а как пришло к делу - все врозь, - сказал Филипп. - Испугались, что ли?.. - примолвил он, мрачно озираясь вокруг.

- Что ты храбришься-то! ехал бы сам, коль охота есть! - иронически заметил Гаврило.

В толпе многие засмеялись. Это окончательно взорвало Филиппа.

- Что ж, и поеду, - сказал он, обмеривая глазами Гаврилу, - ты, может, ничего этого не сказал, как надобно, управителю... добре уж оченно страх взял!.. Потом приехал, рассказываешь! такое-то, мол, решение, - а тут тебе и поверили...

- Поверили! поверили! - перебил староста, передразнивая Филиппа, но вместе с тем из предосторожности отодвигаясь назад. - Поезжай сам, говорю, - авось сладишь...

Вместо ответа Филипп снова обратился к толпе:

- Что ж, православные, никто, стало, не едет?.. все от слова отступились!..

Каждый раз, как взгляд его куда-нибудь устремлялся, там тотчас же воцарялось молчание и в толпе заметно редело.

Филипп плюнул наземь, рванулся вперед и быстрыми шагами пошел к своему дому.

- Экой горячий! Бедовый!.. Рыжие и все такие-то!.. Куды бравый какой!.. - раздалось в толпе.

Общее мнение было таково, что Филипп нахвастал, - хотя до сих пор никто еще не мог привести случая, когда бы Филипп поступил таким образом. Вскоре об нем совсем забыли. Везде во всех отдельных кружках только и толку было, что об известии, привезенном Гаврилой, - о том, что такая уж, знать, напасть пришла, - и делать нечего: наступили, знать, времена такие тяжкие!

XXIII

Между тем брат Филиппа и другие члены его семейства, которое было очень многочисленно, спешили возвратиться домой.

У видя, что Филипп не шутя приготовляется в путь, все приступили к нему, убеждая его не ехать. Но Филипп ничего не хотел слушать; он велел бабам идти в избу и оставил при себе только брата, с которым жил всегда очень дружно; они до сих пор ни разу даже не поссорились.

Брат начал в свою очередь убеждать Филиппа оставить свое намерение.

- Вот вздор какой! Чего ты опасаешься? - возразил Филипп голосом, который показывал, что сердце его еще не улеглось и кипело остатком негодования.

- Боюсь, брат, не вышло бы худа из этого...

- Это насчет меня, думаешь? Ничего не будет! Каков ни есть управитель, он все же свой рассудок имеет; увидит - не пьяница я, не бунтовщик какой; приехал просить об настоящем деле.

- Хорошо, как послушает; сказывают, не такой человек...

- Врет Гаврило! - нетерпеливо перебил Филипп. - Отсохни правая моя рука, коли не врет! Сам рассуди: статочное ли дело, чтобы человек, какой он ни есть, слушать не стал, коли толком, настоящее говорят? Побожиться рад - Гаврило ничего этого, что надо было, не сказал управителю; такая уж душа соломенная! Не токмо перед управителем, другой раз и перед своим-то братом, - кто побойчее, - и то молчит... Ты ничего этого не опасайся. Приеду, скажу: так и так, повременить только просим до срока, - как по положению... цена уставится, - к Кузьме-Демьяну все как есть представим...

- Делай, как знаешь; я бы не поехал, - сказал брат.

- Это почему?

- Потому, если и ладно сойдет, послушает тебя управитель, - не стоят они того, чтобы хлопотать...

- Думаешь, за мир просить еду?... - с живостью произнес Филипп. - Нет, подождут теперича! Пускай опять Гаврилу посылают, - чорт с ними! Как знают, так пускай сами разделываются... Как только к делу пришло, все один за одним отступились... Еду за себя просить - за семью свою. Нам всего накладнее приходится; хлеба продашь вдвое - деньги выручишь те же: по семейству по нашему, давай бог, чтоб, при настоящей-то цене, на зиму хлеба достало, покупать не пришлось; потому больше и еду. Нет, разделывайся они как сами ведают!.. Я теперь, что хошь мне давай, - пальца не согну для мира - шабаш!..

Брат, побежденный отчасти такими доводами, не старался более удерживать Филиппа и помог ему даже запрячь лошадь.

XXIV

Как только узнали в деревне об отъезде Филиппа, мнение об нем тотчас же переменилось. Даже те, которые на сходке подтрунивали над ним заодно с Гаврилой и говорили, что Филипп только храбрится и хвастает, не переставали теперь выхвалять его, величали его самым толковым, деловым и вместе с тем самым смелым мужиком деревни. Все домохозяева, повесившие было голову, снова исполнились надеждой и воспрянули духом - точно так же, как в то время, когда ждали возвращения Гаврилы. Деревня снова громко заговорила.

Гаврило, переходя из избы в другую, напрасно убеждал всех, что поездка Филиппа не принесет никакой пользы, кроме той разве, что его самого хорошенько проучат и сделают посмирнее, - что управитель, - если б даже не понуждало его к тому письмо барина, - совсем не таковский человек, чтобы стал кого-нибудь слушать; напрасно убеждал он покориться и приступить к сбору оброка, - никто не трогался с места; отовсюду встречал он один ответ: "торопиться некуда; время терпит; дай Филиппу приехать, что Филипп скажет!"...

На другой день вечером напрасно, однакож, прождали Филиппа: он не возвращался.

- Что ж бы это значило?.. - спрашивали друг друга соседи.

В доме самого Филиппа началась между тем тревога: мать, жена и сестры его одна за другой выбегали на дорогу за околицу; часто та или другая выжидали его там по целому часу. Беспокойство заметно также начало овладевать братом. На следующий день в доме Филиппа раздались всхлипыванья.

Прошел и этот день. Филипп все-таки не возвращался. Всхлипыванья в его доме превратились в громкий вопль. Брат начал было уговаривать мать и сестер, стараясь всячески их обнадежить, - ничего не помогало; к жене брата он уже не приступался; она лежала ничком на дворе и голосила, словно по покойнике.

Наконец на четвертый только день, поздно вечером, распространился слух, что Филипп приехал. Немного погодя стали разглашать по деревне странные вести: говорили, будто Филипп, как только вышел из тележки, прямо отправился к себе в ригу; ни с кем из домашних он не поздоровался, никому даже слова не промолвил. Обрадованная жена, с которой жил он всегда ладно, бросилась было к нему с воплем, - он грубо отвел ее руками и сказал только: "Что тебе... давно, что ли, не видала?.." После того пошел он в ригу. Жена, мать и сестры последовали за ним, желая добиться какого-нибудь толку, - он всех разогнал, всем велел идти домой и допустил к себе одного брата. Войдя в ригу, Филипп с сердцем бросил наземь полушубок, бросил шапку и ничком повалился на солому. Два-три человека, которым потом удалось говорить с братом, спешили сообщить, что Филипп велел брату везти хлеб и продать его за первую цену, какую дадут.

- Стало, и нам то же делать! - был общий отзыв. Слух обо всем этом не замедлил, конечно, достигнуть ушей Карпа.

- Оброк не пуще велик, а много придется теперь за него хлеба отдать! - задумчиво промолвил старик, обратившись к сыну, который передал ему общую весть. - Хлеба, который останется, - только на зиму хватит для семейства... Сколько ни считал я все эти дни, не выручишь денег тех, что за избу отдать надобно... Так, стало, тому и быть! - довершил он угрюмо.

Карп, точно так же как и остальные обыватели Антоновки, лишившись всякой надежды на благоприятный поворот дела, упал вдруг духом и толковал теперь о том только, чтобы насыпать возы и везти хлеб на продажу.

Так как пятнадцать рублей, получаемые Гаврилой в виде жалованья, засчитывались ему ежегодно в оброк, - староста на свой счет не очень сокрушался. Он тревожился тем только, что управитель того и смотри пришлет за ним и потребует отчет за медленный сбор мирского оброка. Движимый такою мыслью, он еще неусыпнее начал убеждать всех и каждого, что если уж вышло такое невзгодье, - откладывать нечего; чем скорее отдашь деньги, тем скорее отвяжешься от управительского надзора и неприятностей, которые грозят миру в случае промедления.

- Главная причина, в спокойствии тогда оставят, вот что! - повторял староста, - станем оттягивать - осерчает, уж это наверное так; пожалуй, еще станового пришлет... расправа начнется... что ж хорошего??

На этот раз никто не возражал ему; вместо смелых, бойких ответов он встречал одну молчаливую покорность.

Решено было всем миром понаведаться завтра же утром к Дроздову и условиться с ним насчет цен. Впрочем, это были одни только пустые разговоры; никто не сомневался, что все равно надо будет отдать хлеб за ту цену, которую назначит Дроздов.

XXV

То же самое ожидало крестьян, если б они повезли теперь хлеб в ближайшие уездные города. Купцы очень хорошо знают, что если мужик в такую пору приехал с хлебом, - видимое дело, его прижали, ему дозарезу надобны деньги; они спешат воспользоваться таким благоприятным обстоятельством и в свою очередь его прижимают. Городские кулаки еще плутоватее, еще неумолимее деревенских. Уже одно то, что крестьянин насыпает дома рожь настоящей мерой, а купец принимает ее по своей мере, несравненно большего объема, - заставляет всегда первого избегать продажи в городе.

На этом основании антоновцы решились прибегнуть к Дроздову; к тому же он проживал от деревни верстах в пяти всего-на-все.

Дроздов, или, лучше, Никанор, потому что так обыкновенно называл его народ, - был простой откупившийся на волю мужик, содержавший большую миткалевую фабрику.

В некоторых уездах средней России таких фабрик развелось - особенно в последние годы - такое множество, что нет почти деревни, где бы не возвышалось неуклюжего бревенчатого строения, из которого с утра и до вечера слышится шум разматываемой бумаги и щелкотня ткацких станов. Над этими фабриками не существует ни присмотра, ни контроля; хозяева, обеспечивая себя ежегодно домашними расчетами с мелкими местными властями, - приобретают положение, которое ничем почти не отличается от положения начальников диких племен на самых отдаленных архипелагах Тихого океана. Самоуправство является здесь в полном своем безобразии. Хозяева по произволу изменяют заработную плату; назначается такая-то цена за основу; основа готова - хозяин переменял цену, и работник получает меньше того, на что рассчитывал. Бедные крестьяне соседних деревень посылают на фабрику своих девочек и мальчиков для размотки бумаги; нет возможности приходить всякий день за несколько верст и уходить вечером; дети ночуют на фабриках; все это спит где ни попало и вповалку; можете судить о том, что здесь происходит и как, по мере процветания фабрик, должна процветать нравственность. Мало того, хозяева редко или, вернее, никогда не рассчитываются с народом на чистые деньги. Они покупают в городах залежалые партии сапогов, оптом скупают шапки, подмоченную соль, годовалую муку, перепревшую крупу и т.д. и рассчитываются таким материалом, ставя за него всегда втридорога против того, что стоит он им самим. Народ, следовательно, обут и одет скверно, ест худую пищу и постоянно без гроша денег.

Многие из этих хозяев владеют большими капиталами. Никанор принадлежал к числу последних. Впрочем, он продолжал только дело, начатое еще покойным его родителем.

XXVI

Взглянув на лицо фабриканта, нельзя было поверить, чтобы мог он так успешно вести дела свои. Наружность Никанора ставила в тупик - так резко противоречила она его действиям. На всем свете не было, казалось, тупоумнее человека. Бесцветные навыкате глаза, как у разварной рыбы, смотрели мутно, как будто угасла в них способность осмысливать предметы; плоские, как щепки, волосы мертвенно висели по обеим сторонам пухлого, но крайне болезненного лица, окруженного редкими бакенами и такою же чахлой, жидкой бородкой; все черты выражали одну сонливость, вялость, неспособность. Все в нем было одно к одному; говорил он вяло, словно клещами хомут натягивал; ногами своими, обутыми в башмаки, передвигал медленно, словно против воли. Ходил он всегда, запахиваясь в длинный бумажный набивной халат такого же почти грязновато-больного цвета, как и лицо его. Словом, не было возможности поверить, чтобы такой человек был на что-нибудь годен. Дела его между тем шли блистательно; он ворочал такими деньгами, что ничего не значило ему усадить в своем приходе пятьдесят тысяч на постройку огромной кирпичной церкви с круглым зеленым куполом.

Это не мешало, однакож, самому Никанору жить, как говорится, свинья-свиньей. Дом его, очень поместительный, с нижним этажом кирпичным, а верхом деревянным, был крыт железом и выкрашен зеленой краской, оставшейся от церковного купола. Внизу помещались подвалы для склада товара и контора. Верхний этаж из шести - семи комнат занимал Никанор с своим семейством.

Жил он собственно в одной только из этих комнат; остальные стояли пустыми; кое-где разве попадалась скамья или стояла кадушка с квашеной капустой, прижатой кирпичом. В комнате Никанора рамы не выставлялись со времени постройки дома; там с трудом можно было переводить дыхание; все смотрело до невероятности грязно - начиная с самой хозяйки и ее засусленных, золотушных детей и кончая зеленым, как словно прокислым, самоваром и стеклами окон, почти до темноты засиженными мухами.

У дверей, в высоком буром футляре, доходившем до потолка, чикали часы с циферблатом, размалеванным цветами; в углу стоял не прислоненный к стене диван, покрытый ободранной кожей: но боже было упаси сесть на него; особенною опасностью угрожали гвоздики и тесемка, обшивавшая кое-где кожу; под каждым гвоздем и складкой сидело, мирно приютясь, целое гнездо клопов. Все это, кроме, впрочем, дивана, который постоянно, годы целые, оставался на своем месте, чистилось и переставлялось раз в год - именно на страстной неделе перед светлым праздником; тогда целые ушаты воды разом проливались в этом втором этаже; хляск воды раздавался повсюду; вода, не находя себе выхода, скорее всего утекала в широкие щели кой-как сколоченного пола, удобряла земляную настилку и этим способом разводила мириады блох, которые несметными легионами появлялись уже к Святой.

Но Никанор и его семейство так сжились со всем этим, что всякое другое место показалось бы им крайне неудобным. Незачем было, следовательно, изменять порядка, начатого блаженной памяти упокойным родителем, - порядка, которым удовлетворялся сын и, верно, будет удовлетворяться золотушное потомство.

XXVII

Карп был один из первых, который явился к Никанору. Войдя в контору, старик застал там хозяина. В конторе никого почти не было;

стояли только две бабы и оборванная девочка, пришедшие за бумагой для размотки.

Тем не менее Никанор сделал вид, как будто не заметил вошедшего. Он никогда не кланялся первым простому мужику. Никанор прежде был проще; гордость напала на него с той самой поры, как воздвиг он церковь и к концу каждой обедни поминали его, как строителя храма, и подносили ему просвиру.

Карп подошел к прилавку, разделявшему контору на две половины, и поклонился.

- Чего надо? - спросил Никанор, едва поворачиваясь.

- Хлебца привез, Никанор Иваныч... десять четвертей: не возьмешь ли?.. - задобривающим голосом сказал Карп.

- Не надыть! - возразил фабрикант как бы сквозь сон.

- Что ж так?.. Возьми, сделай милость!..

- Столько хлеба навезли - девать некуда.

- Всего ведь десять четвертей!

- К тому же денег теперь нету... - начал было Никанор, но Карп перебил его:

- У тебя?.. У кого ж и быть деньгам-то!.. Возьми, пожалуйста!

- Пять с полтиной, - коротко и сухо проговорил, наконец, Никанор.

- Как, за четверть? - воскликнул Карп, между тем как фабрикант повернулся к нему боком и, казалось, перестал даже его слушать. - Побойся бога! к Кузьме-Демьяну четверть-то девять рублей стоит; три рубля с полтиной на четверть хочешь нажить... Бога ты побойся!

На мутном лице Никанора промелькнула тень пренебрежения.

- Чего ты пристал ко мне, - произнес он, не возвышая, однакож, голоса, - говорю, не надо: вези куда знаешь... где сходнее...

В эту минуту батрачка позвала хозяина наверх; почти в то же время в контору вошел еще мужичок из Антоновки.

Карп передал ему свой разговор с фабрикантом.

- Делать, знать, нечего, Карп Иваныч; отдать надо, - отвечал тот, - больше не даст; вечор уж трое из наших к нему приезжали; за ту же цену отдали.

- Знаю, сказывали мне, - вымолвил старик. - Я думал, посовестится, не надбавит ли каким случаем; потому и разговор такой повел с ним.

- Как же, жди от него совести, эк захотел!.. И я свои два воза за те же деньги ссыпал, делать-то нечего!..

С возвращением Никанора дело Карпа было кончено. Фабрикант, поручая приказчику сходить и смерить привезенную рожь, говорил так же сонливо, вяло и неохотно; казалось, он не подозревал даже, какой огромный оборот делал, скупая в настоящее время хлеб из Антоновки.

Получив деньги, Карп сел в пустую тележку и вместе с сыном, поместившимся на другой подводе, отправился домой.

Путем-дорогой старик принялся в сотый раз сводить свои счеты; он как будто все еще не доверял прежним своим соображениям и думал - авось-либо выйдет как-нибудь по-другому.

Нет, по-другому не выходило! Прежние расчеты были совершенно верны. Отдав пятьдесят два с полтиной оброку, отложив десять четвертей на зиму для семейства, Карп мог продать всего-на-все шесть четвертей ржи и четыре четверти овса. Как умом ни раскидывай, не было возможности, даже при самых счастливых обстоятельствах, выручить из этого столько денег, чтобы добавить Аксену за сруб, отдать плотникам за постановку избы, печнику за печь, - и мало ли еще сколько денег требуется при сооружении нового дома!

Касательно первого задатка, отданного Аксену, Карп не беспокоился; Аксен был известен своею честностью; старик ни на минуту не сомневался, что получит свои деньги. Но вот что неотступно его тревожило - тревожила мысль о втором задатке, о сером меринке, который, как на зло, приглянулся Аксену так, что последний им не нахваливался. Тут как быть? Как тут рассчитываться? Вернее всего, Аксен оставит его за собою; ведь ему надо получить вознаграждение за убытки; на избу много было охотников; не случись Карпа, Аксен давно бы продал ее с барышами.

Карп так углубился в свои соображения, что поднял голову тогда только, как лошадь остановилась перед его воротами.

После дождя, лившего всю ночь и все утро, избенка как нарочно представлялась такой кислой, так грустно поглядывала на улицу своими крошечными окнами, полусгнившими углами и выдавшейся мокрой стеною, что вчуже забирала жалость.

Понятно, такой вид не мог порадовать и развлечь ее владельца.

XXVIII

Время между тем шло своим чередом, свершая в природе обычные, неумолимо неизменные перевороты. Давно ли, кажется, поля, луга и рощи дышали таким оживленьем? Все это миновало! Первыми возвестниками наступающих холодов были, по обыкновению, ласточки; они отлетели с первыми морозными утренниками. За ними в похолодевшем воздухе пронеслись длинные белые нити тенетника; потом в светлом, хотя уже бледнозеленоватом небе, пролетели журавли, возбуждая отдаленным криком своим громкие возгласы деревенских мальчишек.

Давно ли, наконец, антоновская роща, одетая с макушки до корня зеленью клена, березы, орешника и разного рода кустарников, наполнялась веселым треском, свистом и пением каждый раз, как проникал в нее первый солнечный луч? Давно ли, кажется, было все это!.. Теперь, от маковки до корня, стоит она обнаженная, и хотя бы три раза в сутки начинался день, не пошлет уже ему, навстречу веселых, приветливых звуков. В серой, сквозящей глубине рощи мелькают одни голые стволы и перекрещиваются во все стороны почерневшие обнаженные ветви. Вместо прохлады отовсюду несет сыростью и крепким запахом опавших листьев, которые наполняют глубину кустарников и густо устилают дорогу. Изредка кое-где тоскливо, в разлад, чиликнет краснобрюхий снегирь или вдруг в стороне зашуршукают листья и через дорогу пугливо пробежит заяц. Все остальное, куда ни обращаются глаза, носит ту же печать опустения. Окрестность словно состарилась; колеи, которыми изрыты дороги, кажутся глубокими морщинами; речка, так долго отражавшая в последнее время свинцовые, серые тучи, усвоила навсегда как будто цвет их, отвечающий, впрочем, общему тону печали, которым окутались не только окрестности, но и самое небо.

Куда девался также веселый вид деревни, когда, бывало, при заходящем солнце ослепительно сверкают соломенные крыши избушек; когда старые ветлы, бросая через реку на луг длинные густые тени, постепенно зарумяниваются, покрываясь багрянцем заката; когда весь деревенский люд, высыпая в эту пору на улицу и - то уходя в сизую тень, бросаемую избушками, то выступая на свет - начинает петь песни и водить хороводы, играя на солнце яркоалыми и синими платками и рубашками... Куда все это делось! Антоновки узнать невозможно. Она также отжила, как будто вдруг состарилась. Стены избушек, вымоченные беспрерывными дождями, так же почти черны, как улица, которая превратилась в грязь, замесилась и стала непроходимою; старые ветлы обнажили свои головастые пни, и ветви на них торчат кверху, как волосы на голове взъерошенного человека. Солома на крышах сделалась совсем серою и едва-едва отделяется теперь на сером небе.

Небо пока не шлет еще дождя, но в отдалении начинают уже клубиться тяжелые, мрачно-сизые тучи.

XXIX

Дядя Карп, которого ненастье отрывало поминутно от начатой работы, спешил воспользоваться этим временем. Обрадованный, что перестал, наконец, дождик, он с помощью сына с утра еще выкатил две пустые кадки; они служили старику козлами для подмосток; приставленные к наружной стене избы и устланные досками, кадки давали Карпу возможность достать рукою почти до крыши.

Взгромоздившись на подмостки, Карп старательно набивал глину в пазы и трещины избенки; он то и дело обращался к снохе, которая тут же в стороне мешала лопатою сырую глину. Бедная бабенка едва успевала управиться; с одной стороны кричал свекор, с другой поминутно высовывалась из окна свекровь с хозяйственными расспросами, с третьей - приводилось гнать Дуню, которая, несмотря на холод, никак не хотела идти в избу. По всей вероятности, Дуня согревалась Васькой; крепко перехватив брата поперек живота, она переносила его с одного плеча на другое; но как терпел Васька - это делалось решительно непонятным! Мальчик перешел уже от багрового цвета в синий; но ничего однакож; Васька не плакал; он только кряхтел и пыжился, и то, повидимому, не столько от стужи, сколько от того, что вздрагивавшая сестра слишком уж сильно нажимала ему живот.

Подле другой стены, со стороны улицы, происходила также работа; Петр приваливал к стене солому, укрепляя ее жердями.

По мере того как с той и с другой стороны подвигалась работа, избушка принимала вид больной, хилой старушонки, которую обкладывают пластырями и кругом обвязывают и кутают.

На улице никого почти не было, кроме семейства Карпа. Изредка проходил кто-нибудь. Так прошла баба с ворохом неразмотанной бумаги на спине. Поровнявшись с избою Карпа, она остановилась, поздоровалась со стариком и его снохою.

- Карп Иваныч, - сказала она, - тебе сродственник твой Федот велел кланяться!

- Ну его совсем! - ворчливо проговорил старик, продолжая шлепать глиной.

- Ты, Дарья, откуда? - спросила сноха, - я думала, ты от Никанора.

- И то, оттуда; вишь, взяла ребятам разматывать! - возразила Дарья, встряхивая бумагой.

- Где ж ты Федота видела? Он ведь у Аксена живет; разве так повстречались?

- Нет, касатка, нанялся он теперь к Никанору; у Никанора живет в работниках.

При этом Карп сердитее только шлепнул глиной.

Немного спустя после ухода Дарьи место ее заступил маленький, живой мужичок с веснушками, который во время уборки ржи беседовал с Гаврилой.

Поглядев с минуту молча на работу Карпа, он, наконец, придвинулся.

- Ничего от этого, сват, теплее не будет, - оказал он, - я, как не было у меня новой избы, свою старую тоже глиной обмазал, - продувает; так-то продувает - хуже быть нельзя.

- Коли хорошо, крепко смазать - не продует! - отозвался Карп неохотно.

- Хуже, сват, право, хуже; тогда снутри преть начнет; у меня то же было; пойдут морозы - в окнах, поверишь ли, вот какие сосульки намерзнут! - добавил мужичок, показывая от плеча до ладони.

Карп ничего не ответил.

- Сейчас, сват, к Филиппу заходил, - продолжал словоохотливый мужичок, - дома нету, уехал; сказывают - опять запил; года три за ним этого не было; зарок, сказывают, на себя наложил, чтоб не пить... Теперь опять, сказывают, зашибается... Э! да никак дождик?.. - промолвил он, подымая голову.

Карп, сноха и Петр, слышавшие весь этот разговор, сделали то же самое.

Серые тучи, которые бежали, казалось, над самою крышею, действительно начинали отделять дождевые капли; в то же время ветер сильнее зашевелил соломой.

- Прощай, сват! Надо скорей до дождя укрыться!.. - сказал мужичок, направляясь к избе, которая стояла на самом краю деревни.

Пока он приближался к дому, тучи, давно уже потоплявшие своею тенью окрестность, быстро надвигались на Антоновку. С каждой минутой местность, лежавшая за старыми ветлами, заслонялась и пропадала; вот и ветлы начали показываться как бы сквозь серую дымку и вскоре пропали; дождик заметно делался чаще и усиливался. В дальнем конце деревни кто-то, закутанный с головою, баба ли, мужик ли, разобрать было невозможно, - промелькнул через улицу.

На минуту можно еще было различать, как Карп, его сын и сноха бегали и суетились, убирая свои кадки; но и они не замедлили исчезнуть за частою сетью дождя, который, крутясь и двигаясь по воле ветра, ударил косым ливнем и заслонил, наконец, самую Антоновку.

ГЛАВА ВТОРАЯ

БАРХАТНИК

XXX

Позвольте теперь перенести вас из унылой деревушки, утопающей в грязи и облитой дождем, прямо в центр Петербурга. Переход, конечно, очень резок; но тем лучше, мне кажется. Без контрастов и неожиданных переходов от худого к хорошему, от мрачного к веселому и обратно, не только романы и повести, но и самая жизнь была бы однообразна и, следовательно, невыносимо скучна.

Итак, поспешим войти через парадную дверь, в один из самых больших домов Малой Морской. Признаком, что дом при основании своем исключительно предназначался для помещения жильцов богатых или таких, которые во что бы ни стало хотели прослыть за богатых, - служила широкая, устланная ковром лестница, украшенная каминами и швейцаром.

Нам незачем подыматься слишком высоко; достаточно остановиться во втором этаже против двери с медной дощечкой, на которой награвировано: "Аркадий Андреевич Слободской".

Аркадий Андреевич вместе с домашней его обстановкой, - начиная с круга знакомых и кончая мебелью его обширной квартиры, - составляют главный предмет настоящего повествования. Мебель, особенно гостиной и кабинета, так великолепна, что, я уверен, если б любое кресло перенести вдруг в Антоновку и поставить посреди улицы, ни один из тамошних обывателей ни за что не определил бы, что это за штука такая; сам приходский священник сильно бы затруднился дать ему вдруг, сразу, настоящее имя, и только разве после некоторого размышления мог бы решить, что изделию сему всего более подобает находиться в храме для замещения старинного седалища в алтаре.

Аркадий Андреевич был холост, любил роскошь и решительно не видел надобности себе в ней отказывать; у него было около семи тысяч душ, в числе которых, если не ошибаюсь, состояли также знакомые антоновские души.

Часов в двенадцать утра в богато убранном кабинете Слободского находилось уже несколько посетителей. По мере того как приближался день, посетители умножались; многие являлись, впрочем, минут только на пять; спешно выкурив папироску, повертевшись перед камином, они так же скоро исчезали. Все входили совершенно бесцеремонно; брали со стола сигары и папиросы и во всем поступали как у себя дома. Кто усаживался, укладывая удобно ноги на соседнее кресло, кто попросту разваливался на кушетке против пылающего камина, кто расхаживал взад и вперед, пуская кверху дым, который расходился мутными, серыми клубами, потому что самое утро было мутно, серо и ненастно. Все они по большой части были товарищами Слободского по службе; некоторые, подобно ему, вышли в отставку; другие ходили в мундирах. Хозяин дома, заслонив себя от каминного жара стеклянными ширмами, располагался в вольтеровских креслах.

Это был человек лет двадцати восьми, с чертами лица чрезвычайно правильными и красивыми, но уже заметно начинающими отцветать. Военная служба не оставила на нем ни малейшего отпечатка; он так же изящно одевался и так же свободно двигался в серых панталонах, сером жилете и серой жакете английского покроя, как будто век не носил другого платья; в приемах его не было ничего жесткого, натянутого, во всей фигуре его, начиная с маленьких, красивых ушей и кончая белой, нежной кистью руки, было что-то женственное, изнеженное. Он казался усталым, хотя всего час назад вышел из постели. Слободской не переставал говорить то с тем, то с другим из гостей своих; в голосе его и во взглядах проглядывало, однакож, полнейшее равнодушие если не всегда к предмету беседы, то всегда почти к собеседнику.

Слободской далеко не был мизантропом; равнодушие его проистекало частию из жизненного опыта, частию из того также, что он никого не любил искренно из тех, с кем постоянно жил и в кругу которых ежедневно вращался. Выражение: "mon ami, - il n'y a pas d'amis!", изобретением которого был он очень доволен, повторялось им каждый раз, как только слышал он слово - "друг". Слободской, тративший большие деньги на обеды, где за каждого приятеля приходилось иногда платить рублей тридцать и сорок, пожалел бы между тем десять целковых, чтобы спасти приятеля, которому случилось бы обкушаться на его обеде.

Он разделял своих знакомых и приятелей на три разряда. К первому принадлежали лица, которые в самом деле были к нему привязаны и любили его; до сих пор он встретил одного только такого; но и того убили на Кавказе. Ко второму разряду причислялись те, которые ездили к нему ради удобств, хороших сигар, надежды выгодно променять лошадь, занять денег или ради того также, что надо же деться куда-нибудь и вертеть языком - благо он существует; третий род приятелей состоял из лиц, которые положительно его ненавидели, но виделись с ним частью чтобы скрыть настоящие свои чувства, частью потому, что пошло, глупо расходиться с человеком, не имея, кроме затаенной ненависти, другой, более основательной причины.

135

Из числа последних не было, к счастию, ни одного между посетителями настоящего утра: все они по большей части принадлежали ко второй категории. Несмотря на положительную глупость многих из них, каждый, повидимому, в отношениях своих к Слободскому стоял на настоящей точке зрения; никто не обманывался в его чувствах; но никому, казалось, не было дела до этого, никто об этом не заботился; каждый думал о себе самом, о своем удобстве, о хорошей сигаре - и точно так же чувствовал к хозяину самое полное равнодушие.

Все это нисколько не мешало вести самую короткую, дружескую беседу.

XXXI

- По-моему, одно из самых главных, самых натуральных чувств человека - это чувство благодарности! - говорил Слободской, продолжая начатый разговор и преимущественно обращаясь к смуглому господину средних лет, лежавшему на кушетке с сигарою в зубах. - Человек, не имеющий такого чувства, на мои глаза, существо недоконченное, что-то вроде получеловека!.. И вот именно этого-то чувства, - невесело в этом сознаться, но надо говорить правду, - именно этого-то чувства не вижу я в нашем простом народе...

Господин, лежавший на кушетке, выразительно усмехнулся.

- Я говорю так решительно потому, что основываю свои суждения на собственном опыте, - продолжал Слободской. - При покойном отце крестьянам моим было так плохо, как хуже быть не может: отец почти безвыездно жил в Париже; в именьях распоряжались управляющие - грабили, разумеется, и разоряли крестьян до невозможности; когда я вступил во владение именьями, первым делом моим было искоренить весь старый порядок и злоупотребления; я сменил управляющих, уничтожил барщину и посадил мужиков на оброк, зная, что такое положение для них несравненно легче барщины. Сотни, тысячи помещиков берут двадцать, двадцать пять рублей и более оброку; я назначил всего пятнадцать с семейства - с тягла, как там называют... Кажется, сделано было все, что только можно сделать! Какой же вышел результат? Крестьяне сделались только неисправнее; с первого же года до настоящей минуты я только и слышу, что о недоимках и недочетах, чего прежде, при отце, никогда не бывало!.. Далеко идти незачем; я теперь более месяца без денег... Пишу, пишу, - недели проходят, прежде чем пришлют из той или другой конторы каких-нибудь четыре-пять тысяч! После всего этого поневоле придешь к убеждению, что при снисходительном, гуманном, как говорят теперь, управлении народ делается только неисправнее и балуется; управлять им, как видно, может только страх; горько сознаться - но это так!..

- Что ж вы хотите, Слободской, чтоб я сказал вам на это?.. - произнес небрежным тоном и по-французски господин, лежавший на кушетке, - мне отвечать нечего; вы по этому предмету давно знаете мои убеждения!..

XXXII

Убеждения этого господина заключались в том, что он называл Россию непроходимою тундрой и отвергал в русском народе, которого величал тунгусом, всякую способность к развитию. Происходя из чисто русской фамилии Ипатовых (невозможно, кажется, подозревать примесь чего-нибудь иноземного), он ненавидел все русское, и нельзя было лучше польстить ему, как сказав, что он по выговору, привычкам своим и наружности представляет совершеннейший тип француза или англичанина. Не имея понятия о самых главных, основных фактах отечественной истории - фактах, известных почти каждому школьнику, не прочитав во всю жизнь ни одной русской книги, потому что, как сам он говорил, вся русская литература не стоила маленькой комедии Октава Фелье или пословицы Мюссе, оставаясь так же равнодушен, как какой-нибудь японец, к самым живым событиям, совершающимся в отечестве, - он в то же время с неимоверною жадностью поглощал иностранные газеты, revues и брошюры.

Трудно найти человека, который был бы сильнее Ипатова, когда речь заходила об административном, политическом или финансовом вопросе Европы. Он знал имена всех замечательных деятелей континента и Британии и мог сообщать мельчайшие подробности из их биографии. Прения верхней и нижней палаты, виды английской политики, подробности касательно борьбы вигов и тори, направление наполеоновской политики, отношение французского государства к восточному и итальянскому вопросу, политическое состояние Австрии и Германии - все это занимало Ипатова и действительно знакомо было ему в той самой степени, как мало знакома была Россия и вообще все отечественное.

Всего замечательнее, что Ипатов никогда не бывал за границей; всю свою жизнь провел он в Петербурге, изредка посещая Москву, чтобы повидаться с теткой, над которой громко всегда смеялся, называя ее княгиней Халдиной.

Он проводил время, читая или рыская по гостиным, где на изящнейшем французском наречии рассказывал о ходе современных европейских дел и каждый раз, как представлялся случай, проливал потоки желчи, костя на чем свет стоит Россию.

Предположение, будто основанием желчи служило оскорбленное самолюбие, совершенно несправедливо; с самой юности до настоящего времени не произошло с Ипатовым решительно ничего такого, что хотя бы кончиком волоска могло задеть его самолюбие. Другие слагали причину его желчи и раздражительности на бедность, которую скрывал Ипатов тщательнее своих пороков, но и это неосновательно; Россия виновата была в этом, конечно, никак не более Англии, Франции, Германии и т.д.

В последнее время Ипатов сделался еще заметно терпимее; прежде он был решительно невыносим. Мания его к чужеземному доходила до того, что он никогда ни с кем не хотел слова сказать по-русски; так, например, во время обеда, желая выпить стакан воды, он обращался всегда к соседу и говорил по-французски: "Сделайте милость, скажите лакею, чтобы налил мне воды!"

Я сам лично был свидетелем такого факта; хотите - верьте, хотите - нет!

XXXIII

- Я давно слышал, - продолжал Слободской, закуривая новую сигару и опрокидываясь на спинку кресел, - будто вся эта дикость, недобросовестность - словом, весь этот нравственный упадок народа происходит от крепостного состояния; я не защищаю его - нет; но все-таки желательно бы знать, - подхватил он, пуская струю дыма, - почему, несмотря на крепостное состояние, которое началось не на прошлой неделе, в прежнее время шло как-то исправнее; самый народ был лучше и нравственнее?..

- Полно, пожалуйста, Слободской! - с жаром заговорил белокурый молодой человек, до сих пор ходивший молча по кабинету. - Удивляюсь только, как можешь ты это говорить! Что теперь худо - никто в этом не сомневается; но что прежде было хуже - это так же верно, как то, что ты теперь в Малой Морской; дело в том, что прежде жили мы в неведении счастливом, как говорится, - о России понятия не имели; все было от нас шито да крыто; теперь начинает мы мало-помалу с ней знакомиться...

Ипатов прислушивался к речи молодого человека как к чему-то очень забавному и вместе с тем достойному сожаления; он считал всегда, что знакомство с Россией достигнуто в совершенстве, когда произнесешь слово -"тундра"; по его мнению, это легче было, чем выкурить папироску.

- Да, я утверждаю, - подхватил тот же молодой человек с прежним оживлением, - всему виновато крепостное состояние; только оно одно могло постепенно привести в такой упадок нравственность крестьянина...

- Эх, досадно, право, слушать, - сказал, нетерпеливо вставая, плотный кавалерийский ротмистр с рыжими бакенами, расходившимися веером, - у меня даже кровь в голову бросается, когда он начинает проповедывать! Знаете ли вы, Лиговской, что русский мужик во сто крат счастливее меня с вами -да-с!..

- Вот это прекрасно...

- Да, счастливее, - подхватил ротмистр, багровея. - Что ему делается! Хлебает себе щи, пичкает с утра до вечера пироги и сметану да на печке валяется... А тут, подле, жена... какая-нибудь толстая, белая, румяная баба...

Все засмеялись, кроме Лиговского.

- Превосходно знаете вы, стало быть, положение нашего простолюдина, - произнес он. - Не только не ест он пирогов, но часто нечем печь истопить - ту печь, на которой, по словам вашим, он весь день валяется!.. Слава богу, мы начинаем теперь иначе смотреть на вещи; я думаю, нет теперь человека, который не ждал бы ото всей души скорого уничтожения крепостного права; я уверен, что как только...

- Лиговской! Лиговской!.. - смеясь, закричал хозяин дома, указывая на верхний косяк двери. - Лиговской, посмотри... Ты, кажется, знаешь правило!..

К верхнему косяку пришпилен был булавкой кусок бумаги с крупною надписью: "Здесь не говорят об эмансипации!"

- Скажи-ка лучше, - подхватил Слободской, - ты, который часто видишься с Берестовым, - разыграл ли он свою комедию, разошелся ли, наконец, со своей танцоркой?

- Нет, каждый день ссорятся, расходятся, потом мирятся и , снова сходятся - совершенно как старый Исаакиевский мост, - отвечал рассеянно Лиговской, - мне кажется, они век проживут таким образом.

- С этими барынями всегда легче сойтись, чем разойтись... - сказал Слободской. - Сначала они ни за что как будто не хотят начинать; потом, как начнут, ни за что не хотят кончить! Это всегдашняя история... Скажи, пожалуйста, ну а граф Пирх все еще влюблен?

- Разве он у тебя не бывает?

- Бывает, но только давно что-то блистает своим отсутствием.

- Влюблен попрежнему! Утром проезжает своих лошадей мимо ее окон; в шесть часов вечера провожает ее карету до театра; после театра торчит на театральном подъезде...

- Но как дело его? идет успешно?

- Кажется; не знаю только, чем кончится.

- Ничем не кончится! - заметил ротмистр. - Пирх вконец промотался - даром что немец; говорят, он даже долгов не платит...

- Ну, это еще не доказательство! Долги платят теперь одни только наследники... и то в первое время своего богатства... Увидите, господа, Пирх достигнет своей цели; там, где другой берет браслетами, Пирх возьмет терпением... И наконец, что ж мудреного: оба они могут быть влюблены друг в друга...

-Какая тут любовь! - перебил Лиговской с тем же самым жаром, как говорил об эмансипации и состоянии народа, - какая любовь! если есть что-нибудь у них - так просто обмен двух капризов.

- Ну, прощайте, господа! - сказал Ипатов, приподымаясь с кушетки. - Как скоро речь зашла о балете и театре, вы, по обыкновению, никогда не кончите, - прощайте, Слободской!..

- Прощайте! я тоже ухожу, - вымолвил ротмистр, пристегивая палаш. - Ты не забыл, Слободской, что обещал сегодня Острейху приехать посмотреть его лошадей?

- Нет; но стоит ли? Хороши ли лошади?

- Знатные есть кони! Я купил у него верховую.

- Доволен?

- Не совсем... Лошадь во всех статьях красива, - проговорил ротмистр, насупливая брови, - но я погорячился; нахожу в ней сухость какую-то в аллюре; своего, природного в ней мало... Понимаешь, братец, - нет под седлом фантазии; фантазии нет! Так ты приедешь?

- Да, в три часа, как обещал, - отвечал Слободской, поглядывая на булевские часы, украшавшие камин.

XXXIV

Выходя из кабинета, Ипатов и ротмистр встретили в дверях камердинера, который нес на подносе несколько конвертов, запечатанных казенною печатью.

- Сейчас с почты принесли, - проговорил камердинер, подавая их барину.

Слободской распечатал одну повестку за другою, бегло взглянул на цифру, потом придвинулся к столу, черкнул на обратной стороне доверенность на имя камердинера и велел ему, не медля ни минуты, съездить сначала в полицию для удостоверения подписи, потом в почтамт для получения денег.

Камердинер вышел.

В общей сложности, повестки объявляли о получении из разных губерний суммы в пять тысяч. Слободской ждал гораздо больше: в другое время он жестоко бы рассердился и тотчас же написал бы громовое письмо в главную свою контору. Но нынешнее утро застало его в хорошем расположении духа. Это обстоятельство спасло главную контору, а следовательно, и все, что находилось в ее зависимости, от передряг, суеты, беспокойств и даже притеснений всякого рода.

Слезно прибегаем к провидению, моля его продлить хорошее расположение духа Аркадия Андреевича Слободского.

- Слушай, Лиговской, - сказал Слободской, поворачивая кресла к молодому человеку, который стоял спиною к камину, расправив в обе стороны фалды сюртука, - я ждал ухода Ипатова и милейшего из ротмистров, чтобы пригласить тебя сегодня в ложу.

- Спасибо; все та же ложа - литера Ц с левой стороны?

- Да. Так ты приедешь?

- Непременно; но скажи, пожалуйста, - весело подхватил Лиговской, - как идут твои собственные дела с маленькой Никошиной?... О других ты расспрашиваешь, о себе никогда ничего не скажешь...

- Мои дела, - смеясь, возразил Слободской, - мои дела пока еще в будущем! Они ограничиваются утром - прогулкою по Театральной улице...

- Говорят - улица любви! - с комическим укором подсказал Лиговской. - Вступив в круг театралов, ты должен говорить их языком и называть вещи настоящим их именем.

- Вечером, когда балет, - продолжал Слободской, - сижу в ложе, где у нас происходит стрельба...

- Которая, прибавь, идет очень удовлетворительно; в прошлый вторник я сидел в креслах; едва вошел ты в ложу - она не спускала с тебя глаз; стоя за кулисами, она так же исправно на тебя постреливала... Прелесть, какая миленькая девочка! Но я не об этом... Мне хотелось узнать, не приступишь ли ты к более действительным мерам?

- Нет еще; до сих пор не мог даже хорошенько узнать, есть ли у нее какая-нибудь родственная обстановка...

- Да, это статья не последняя!

- Еще бы!

- Надо бы попросить барыню Берестова разузнать об этом... Но, впрочем, вот и Дим! Спроси у него. Здравствуй, Дим!..

XXXV

Восклицание это относилось к молодому человеку лет двадцати трех, худенькому, тщедушному, но с приятным лицом, исполненным огня и одушевления, не совсем обыкновенных. В юноше этом было что-то особенное - какая-то внутренняя притягательная сила, которая невольно влекла к нему и располагала в его пользу.

Он действительно любим был всеми, кто только знал его, - начиная с лиц высшего общества, к которому принадлежал он, и кончая скромными кружками бедных студентов и художников. Лучшим доказательством хорошей природы его служило то, что всеобщее баловство и своего рода популярность не имели на него никакого действия; он был скромнее, проще и добродушнее многих никому неведомых юношей, с которыми водил дружбу и которая, скажем мимоходом, сильно не нравилась его отцу, матери и другим родственникам.

Предрассудки и обстоятельства, его окружавшие, служили с ранних лет преградою всем его стремлениям, не дали развиться ни одному из его талантов, лишили его всякого направления; он ни на чем не остановился. А между тем уже по одному тому, за что брался он иногда, видно было, что могло бы выйти из него при других условиях. Никогда не учась рисовать, он набрасывал эскизы и композиции, которые обличали богато одаренное воображение и сильное артистическое чутье; не учась никогда музыке, он бегло разыгрывал a livre ouvert какие угодно пассажи, играл на память целые оперы; врожденное музыкальное дарование высказывалось в его вкусе, в способности быстро понимать и сильно чувствовать истинно хорошее - даже в манере петь романсы, которые передавал он часто лучше многих известных артистов. Артистическая природа еще сильнее выказывалась в его разговоре, отличавшемся живописностью и пластикой: двумя-тремя меткими выражениями умел он обрисовать живую фигуру или перенести слушателя в тот круг, который хотел изобразить. Принимаясь за книгу случайно, урывками, он прочел очень много: и здесь точно так же выбор его - показывал вкус и верное чутье. Словом, если б разделить дарования этого юноши между пятью французами и пятью

142

англичанами, - вышло бы, наверное, десять замечательных людей. Из Дима ничего не вышло; вышел только милый, умный, занимательный малый, который с шестнадцати лет рисовал карикатуры в альбомы барынь высшего круга, пел романсы и цыганские песни в обществе камелий, был необходимым членом всех холостых обедов и попоек, являлся на всех загородных гуляньях, скачках и празднествах, на всех вечерах и пикниках с актрисами, лоретками и цыганками, - где снова пел романсы, танцевал, произносил комические спичи и пил наравне с самыми застарелыми питухами веселых сборищ.

Папенька его в это время неизбежно сидел в английском клубе, где провел более двадцати лет своего существования; маменька, которой давно минуло за сорок, сидела в театре или, разряженная в пух и прах, в manches courtes и decolletee, вертелась на каком-нибудь бале, окруженная роем молодых людей, в числе которых один особенно отличался всегда своим постоянством.

Дим, настоящее имя которого было Дмитрий, а фамилия граф Волынский, вошел не один к Слободскому. Его сопровождал тоже молодой человек, но только плотный, коренастый, с крутыми огромными икрами, выпяченной грудью, коротенькой шеей и шарообразною головою, обстриженной под гребенку. Господин этот, по фамилии Свинцов, был фанатическим поклонником Волынского; он точно влюблен был в него до идиотства; он не отставал от него ни на шаг, стремительно летел туда, где мог быть Волынский, - словом, не мог без него обходиться; каждое слово Волынского, каждая его выходка, каждая плохая острота имели свойство приводить Свинцова в восторг и восхищенье неописанные.

- Здравствуй, Дим! ты как нельзя кстати, - сказал Слободской, здороваясь с Волынским и пожимая руку Свинцову, которого называл всегда субъектом, вполне достойным своей фамилии, - мы говорили здесь с Лиговским о Фанни Никошиной...

- За которой он зверски ухаживает, хотя и скрывает это! - подсказал Лиговской.

- Положим!.. - перебил Слободской. - Я до сих пор не знаю, есть ли у ней родня какая-нибудь, папенька, маменька, бабушки, тетушки и т.д. - проговорил он с комической интонацией.

- Если ты точно влюблен - не испытывай, пожалуйста, моей деликатности, - сказал Дим, улыбаясь, - спроси лучше, хорошенькие ли у ней ножки; мне в тысячу раз приятнее будет тебе ответить...

- О ее ножках я и без тебя знаю!.. Из того, что ты говоришь, я должен, следовательно, заключить, что Фанни обременена многочисленным и, вдобавок, что всего прискорбнее, добродетельным семейством...

Вместо ответа Волынский подошел к роялю, сел на табурет и взял несколько аккордов.

Свинцов засуетился, поспешно поставил каску и подошел к роялю.

- Я лучше спою вам вещь, которую оба вы, и ты и Лиговской, верно, не слыхали...

- О, это превосходно!.. Восхитительно!.. Как он поет это, господа!.. Послушайте, это просто - просто восхитительно! - произнес Свинцов, сияя весь с головы до ног бессмысленным восторгом.

- Свинцов, я уже сказал, тебе раз навсегда, - меньше восторга и больше скромности в отношении ко мне, - сказал Волынский, откашливаясь.

-Что это такое? -спросили Лиговской и хозяин дома.

- "La chanson du pain" Пьера Дюпона:

Quand dans l'air et sur la riviere De moulins se tait le tic-tac...

- Слушайте!

Но не успел он спеть первой фразы, как в кабинете неожиданно явилось новое лицо.

XXXVI

На этот раз предстал господин лет уже под пятьдесят, высокий, плотный, в черном сюртуке, застегнутом на все пуговицы, по-военному. Лицо его, брюзглое и морщинистое, как печеное яблоко, украшалось сверху коротко обстриженными волосами, посредине круто завинченными усами; и то и другое было так дурно выкрашено черною краской, что всюду просвечивала седина и рыжеватый корень; золотые очки и коричневые перчатки, которые так были широки, что сами собою сползали с пальцев, дополняли его наружный вид.

- А, князь! - закричали присутствующие в один голос.

- Bonjour! - отвечал с каким-то недовольным, нахмуренным выражением князь, поочередно пожимая всем руки.

- Что с вами? Вы сегодня, кажется, не в духе, - спросил Слободской.

- Нет... ничего... - возразил князь, насупливая брови.

- Полно врать, пожалуйста! - крикнул Волынский, который со всеми решительно, даже с дряхлыми стариками, был на ты, - все знают, что такое!..

- Если знаете, стало быть, спрашивать нечего! - сухо возразил князь, принимаясь ходить из угла в угол по кабинету.

- Сам рассуди, братец, - начал Волынский умышленно серьезным тоном, - как же ты хочешь, чтобы Фисочка Вишнякова, которой, скажем мимоходом, протежируешь ты чорт знает из чего, нашла себе обожателя? Не сам ли ты уверил ее, что у нее есть талант, бегал к театральному начальству и хлопотал, чтобы перевели ее из балета в Александрийский театр; кто ее там увидит? Останься она в балете - другое дело!.. И, наконец, талант ее совсем не из тех, который может обратить на нее внимание...

- Совсем не о таланте речь! - с жаром заговорил князь, - я говорю только, - вот девушка с самыми блистательными условиями, молоденькая, хорошенькая, ангельски кроткого характера, не имеющая никакого родства, кроме старой бабушки, которая безвыездно живет в Кронштадте, и при всем том девушка эта никого не находит, кто бы обратил на нее внимание! Да знаете ли вы: elle n'a pas de chemises! - понижая голос и с сильным драматическим оттенком добавил князь, не замечавший, что присутствующие переглядывались и посмеивались.

- Ну, так купи ей дюжину рубашек - и делу конец! - сказал Волынский.

- Не могу же я одевать всю дирекцию! - возразил князь патетически, - да, господа, это просто срам! - подхватил он с возраставшим негодованием. - В прежнее время этого бы не случилось! Нынешняя молодежь - просто дрянь!.. Да!.. Это какие-то вялые сосульки, и больше ничего! Я не могу говорить... об этом равнодушно... Это... просто чорт знает что такое!

Всего замечательнее было то, что князь в негодовании своем был как нельзя более искренен. Проведя более тридцати лет в театральном обществе, в пользу которого отказался от своего собственного, он так с ним сблизился и сроднился, так усвоил себе закулисную точку зрения, что не шутя принимал к сердцу судьбу каждой неустроенной молоденькой танцовщицы или актрисы; он бился и хлопотал изо всей мочи, чтобы как-нибудь уладить дело. Для этого он давал у себя обеды, устраивал танцевальные вечера, куда приглашалась молодежь и театральные дамы, сочинял пикники, составлял в летнее время разные увеселительные прогулки, катанья в лодках и проч. и проч. Князь крестил почти во всех устроенных им семействах. Когда, с его точки зрения - которая, как мы уже сказали, была закулисная точка зрения, - удавалось ему устроить судьбу какой-нибудь Ашеньки, Пашеньки или Глашеньки, он на несколько дней совершенно перерождался, расправлял брови, не переставал мурлыкать под нос какие-то песенки и крепко потирал ладонями от восхищенья; весело постукивая тростью по плитам невского тротуара, князь подходил тогда к каждому знакомому и, радостно потирая руками, произносил:

- L'affaire est arrangee! Nous avons bacle l' affaire!

XXXVII

- Знаешь, князь, - сказал Волынский, перебирая клавиши, - не шутя тебе советую - напусти-ка ты старого Галича на свою protegee...

- Ну его, старого шута!

- Представьте, господа, этот старикашка, Галич, не шутя, кажется, рехнулся! - сказал Волынский. - Вчера сидел я с ним в ложе князя; на сцену выходит Цветкова; клянусь вам, она ни разу на нас не взглянула; напротив, умышленно даже отворачивалась; князь, который на том свете ответит за Галича, потому что первый втравил его в театр и волокитство, - князь говорит ему: "Ты ничего не замечаешь, она с тебя глаз не сводит!" Смотрю, Галич закрыл вдруг глаза, припал головою к перегородке ложи и, пожимая нам нежно руки, проговорил глухим, потухающим голосом: "Merci, merci!.."

Все засмеялись. Сам князь улыбнулся и с той минуты словно повеселел.

- Но лучше всего, это история с поэмой...

- Какой поэмой? - спросил Лиговской.

- Как! разве ты не знаешь?

- Нет.

- Галич, которого опять-таки подбил князь, сунулся на подъезд актеров после спектакля и сказал Цветковой какой-то комплимент... Та что-то ему ответила, надо думать, приятное, потому что Галич в тот же вечер полетел к старухе, сестре своей, и наотрез объявил ей о своем намерении жениться на Цветковой! Бедная старуха, говорят, покатилась на диван, и часа два не могли привести ее в чувство... Дня четыре назад сидим мы после обеда у князя, - является Галич. В жизни не видал я более уморительной и вместе с тем жалкой фигуры...

Волынский подогнул колени, повесил голову набок и так поразительно живо представил Галича, что все снова разразились смехом.

- Князь, которому Галич сообщил уже свою поэму в честь Цветковой, начал его упрашивать прочесть нам ее; я думал, старик начнет ломаться, - ничуть не бывало! Он берет восторженную, самодовольную позу и начинает декламировать... Больше всего, - промолвил, смеясь, Волынский, - больше всего понравились мне следующие стихи:

Я на Арарат ее поставлю И весь мир думать заставлю: "Вот та, которую я люблю!!"

- Не правда ли, это прелесть! я тотчас же и музыку сочинил... Что-то торжественное, во вкусе марша Черномора из "Руслана и Людмилы"... - заключил Волынский, подходя к роялю в сопровождении Свинцова.

- Пой, я пока оденусь: меня ждут в три часа, - сказал Слободской, направляясь к уборной.

Он возвратился, однакож, увидев камердинера, входившего с толстыми пакетами, запечатанными пятью печатями.

Слободской сорвал обертки, положил деньги в стол и, заперев его ключиком, который носил всегда в кармане, ушел в уборную.

В продолжение четверти часа долетали до его слуха звуки фортепиано и пение, прерываемое время от времени криками "браво" и громким хлопаньем.

- Господа, - произнес Слободской, выходя в кабинет совсем уже одетый, - я предлагаю вам сделать мне сегодня маленькое удовольствие... Сегодня, как вам известно, балет; приезжайте все ко мне в ложу; ложа обыкновенная - литера Ц с левой стороны.

- Господа, - вмешался Лиговской, - отказать ему нет возможности! Знаете сами, какой день сегодня; сегодня Фанни Никошина, - нечего объяснять вам, какое значение имеет она для хозяина дома сего, - Фанни танцует сегодня свое первое па... Это некоторым образом ее дебют!

- Еще бы! непременно! Просить нечего! - заговорили присутствующие, с участием окружая Слободского, который смеялся, как человек, которому ничего больше не оставалось делать.

- Господа, да будет вам известно, - сказал окончательно развеселившийся князь, - я приеду в ложу первым; без букета никто не впускается; "c'est de rigueur!"

- Спасибо, князь! - вымолвил Слободской, - я прошу вас об этом, господа, не столько для своих целей, сколько, не шутя, для того, что надо же поощрить молоденький, начинающий талант.

- Знаем! знаем! - заметил Волынский. Все снова засмеялись.

Слободской позвонил, открыл ящик в столе и вынул несколько ассигнаций.

- Сходи сию же минуту к Казанскому собору в цветочную лавку, - сказал он, подавая деньги вошедшему камердинеру, - спроси два лучших букета из белых камелий - не забудь: белых камелий! Скажи только хозяину: для господина Слободского, - он знает! А что, коляска готова?

- Готова.

- Ну, господа, извините; надо ехать; дал слово, - заключил он, поглядывая на часы.

Все взялись за шляпы и вышли из кабинета вместе с хозяином дома.

XXXVIII

Острейх жил в Сергиевской. Слободской проскакал, следовательно, по всему Невскому и Литейной в тот час именно, когда на первой из этих улиц, даже в дурную погоду, бывает особенно людно. Коляска произвела свой всегдашний эффект.

Он имел обыкновение выезжать на страшной паре вороных, которых охотники называли "чертями и дьяволами", а остальные смертные - "лошадьми непозволительного свойства", - и при этом всегда бранили полицию, позволяющую скакать по городу во все лопатки. Такие жалобы не совсем были справедливы; полиция нисколько не была виновата, что коляска Слободского опрокидывала извозчичьи дрожки, раз задела четырех подмастерьев со шкапом на голове, а раз совсем сбила с ног и чуть не задавила какую-то старушку, проходившую через улицу. Полиция неоднократно отбирала лошадей у Слободского. Слободской ограничивался тем, что сменял кучера, покупал новую отличную пару, променивал ее на свою прежнюю, и снова "черти и дьяволы" появлялись на Невском.

Слободской вовсе не думал встретить у Острейха многочисленную компанию. Когда он приехал, общество находилось в конюшне: там началась уже выводка и продажа.

На свою долю Слободской купил маленького английского пони; он вовсе не был ему нужен, но так уж пришлось, - с языка сорвалось, как говорится. Приобретение пони внушило Слободскому мысль заказать легонький кабриолет, в котором, не обременяя маленького коня и сидя только с грумом {Грум - здесь: конюх.}, можно было бы ездить в летнее время на острова и посещать мыс Елагина острова. С такою мыслью Слободской, привыкший исполнять свои прихоти и фантазии тотчас же, не откладывая минуты, отправился к своему каретнику.

Оттуда проехал он в Большую Миллионную к сестре, с которой не видался более восьми дней.

Сестра его была женою великолепного, блистательного господина, который задавал каждую зиму роскошные балы и праздники, куда съезжался весь город, но который вместе с тем сидел постоянно без гроша денег, так что в последние два года, несмотря на строжайшие предписания докторов, не находил никакой возможности отправить жену и детей в Гапсаль для излечения здоровья.

От сестры Слободской проехал к одной светской даме, которой говорил "вы" при муже и "ты", когда супруг находился в отсутствии. Он ехал к ней единственно с тою целью, чтобы только показаться на глаза и этим способом избавить себя, хоть на время, от преследований и длинных писем, исполненных опасений, упреков, и часто, - что было всего невыносимее, - писем, закапанных слезами. Связь эта, продолжавшаяся всего десять месяцев, но стоившая ему три года постоянных и почти безнадежных ухаживаний, страх теперь ему прискучила и была в тягость. Он бросился в театральство и распускал слух о волокитстве за маленькой Фанни, в той надежде, что это, по всей вероятности, дойдет до дамы его сердца и ускорит между ними разрыв.

Узнав от швейцара, что барина нет дома, но барыня принимает, Слободской, который прежде после такого известия радостно взбегал по лестнице, страшно теперь надулся. Он надулся еще более, застав барыню совершенно одну. "Хоть бы лакей какой-нибудь торчал в дверях!.." - досадливо подумал он, ожидая начала докучливых объяснении. Он не ошибся: действительно, началась одна из тех сцен, когда женщина, чувствуя себя оскорбленною, но столько еще любящая, что мысль о разлуке тяжелей всего переносится, забывает вдруг всю мелочь самолюбия и явно, не скрываясь, отдается своему горю. Но странно, чем справедливее были ее упреки, чем обильней лились слезы, тем более и более ожесточалось сердце Слободского, тем сильнее разгоралось в его груди чувство досады и даже злобы. Наконец он встал, произнес мелодраматическим тоном: "Encore des larmes, madame! Encore des reproches! C'est horrible vraiment!.." - и торопливо вышел.

Он заехал еще в два дома, чтобы оставить карточку, и велел везти себя как можно скорее в Малую Морскую. Ему оставалось ровно столько времени, чтобы успеть переодеться. Он ехал на полуофициальный именинный обед, который можно было бы назвать обедом проклятий, потому что тот, кто давал обед, проклинал его еще за три дня, - и те, которых звали, также проклинали его в свою очередь.

Тем не менее обед прошел как нельзя лучше, хозяин и хозяйка дома были очаровательно любезны, гости также; и все весело встали из-за стола, помышляя об одном только: как бы поскорее удрать, не обижая хозяина, который, с своей стороны, думал, как бы только поскорее освободиться!

Слободской ускользнул первым. Он заехал опять домой и снова переоделся.

- В Большой театр! - закричал он, влезая в карету, которая стремглав понеслась, едва захлопнулись дверцы.

Туман, который опустился на Петербург часам к семи, был так густ, что карета несколько раз должна была останавливаться, - частью, чтобы не налететь на другие экипажи, катившие по тому же направлению, - частью потому также, что лошади скользили и спотыкались на торце, увлажненном сыростью. На театральной площади было еще хуже. Сотни экипажей стремительно неслись на площадь и храбро врезывались в туманную мглу, которая ходила волнами и постепенно сгущалась; ничего нельзя было различить. Слышались только со всех сторон крики, неистовый грохот колес и быстрый лошадиный топот.

Большей возни и суматохи не могло быть, кажется, на дне Красного моря, когда волны его, расступившись стеною, вдруг сомкнулись и закрыли фараоново войско.

Все это выпутывалось каким-то чудом и подкатывало к ярко освещенным подъездам. Из экипажей поминутно выходили воздушные, как сильфиды, дамы, которые быстро исчезали в дверях, распространяя в воздухе тонкий, благоухающий запах фиалки, ess-bouquet и гелиотропа. В коридорах было почти так же жарко, как было сыро и холодно на улице. Там уже с трудом можно было двигаться. Львы и денди всех возможных возрастов и слоев общества, офицеры всех возможных полков, дамы, молоденькие и старые, в бальных нарядах, ливрейные лакеи и капельдинеры - все это двигалось взад и вперед, взбиралось по лестницам и хлопало дверьми лож и партера.

В зале, наводненной светом, было еще шумливее. Поминутно, то тут, то там, ряды лож унизывались хорошенькими женщинами, блиставшими своими нарядами, плечами и драгоценными каменьями. Хорошо было, что с первого взгляда доставлялась возможность верно судить о том, чем именно следовало любоваться; выставлялось только то, что действительно заслуживало внимания; здесь, при всем желании усмотреть что-нибудь другое, можно было видеть одну только профиль; тут показывалась на всеобщее удивленье часть спины, от которой рябило в глазах и сладко вздрагивало сердце; там поражала чудная белизна руки с обнаженным локтем, который привлекательно лоснился на красном бархате перил. Иногда в той или другой ложе усаживалась в кресло ветхая фигура, представлявшая одну груду драгоценных камней, которые блеском своим привлекали на минуту всеобщее внимание.

В глубине лож, не считая постоянных лиц, общество то и дело сменялось; множество мужчин, старых и молодых, со звездами и без звезд, статских и военных, желая до начала представления воспользоваться свободным временем, спешили отдать свои визиты и пробирались из яруса в ярус. В качестве гостей в ложи являлись иногда мужья; повертевшись с минуту, они спешили исчезнуть, чтобы скорее занять свое место в креслах, - и оставляли за спиною жен изящнейших молодых людей, которым жены давали держать букет, бинокль, бросая на них украдкою нежные, выразительные взгляды.

В половине осьмого зала театра окончательно наполнилась; в партере не было уже свободного места. Начинали чувствоваться жар и духота; в разных концах раздавалось хлопанье и шумели ногами, требуя, чтобы скорее подняли занавес. Звуки инструментов, которые настраивали в оркестре, говор в ложах и креслах, шум шагов, хлопанье - все это заметно угомонилось, как только в оркестре появился капельмейстер.

В то же время в литерной ложе налево выставились вперед Слободской, князь Лиговской и Волынский, за спиною которого показалось сияющее бессмысленной веселостью лицо Свинцова.

Наконец грянул оркестр, проиграли увертюру, и при внезапно воцарившемся молчании подняли занавес. В зале сделалось свежее, точно пахнуло свежестью из роскошного тропического леса, изображенного на декорации.

Несмотря на величавые телодвижения индийского набоба, которого невольники принесли в паланкине, несмотря на изумительные прыжки вновь ангажированного бордоского танцора, - тишина в зале не прерывалась до той минуты, пока из-за кулисы не выбежала маленькая Фанни. Сигнал аплодисментам, поданный из литерной ложи налево, был тотчас же подхвачен в креслах и других частях залы, где рассажены были агенты Слободского. Каждое движение Фанни сопровождалось криками "браво" и хлопаньем; наконец, когда после не совсем удавшегося пируэта остановилась она и поклонилась публике, - к ногам ее упала целая дюжина букетов, брошенных из знакомой литерной ложи; в числе букетов особенно бросались в глаза два из белых камелий, стоившие пятьдесят рублей, - кто знает, может быть те самые пятьдесят рублей, добытие которых произвело (если помнит читатель) целую драму в семействе старого Карпа из Антоновки...

Но не время ли нам остановиться, и здесь - именно здесь, а не в другом месте - окончить нашу повесть?

Нам, конечно, ничего бы не стоило описать, как Слободской и его общество отправились после спектакля на театральный подъезд, как веселились они на вечеру у m-le Emilie, как потом отправились все вместе ужинать к Борелю и как наконец, часу уже в третьем ночи, поехали всей гурьбой к цыганам; но веселое расположение автора вдруг изменило ему; он извиняется перед читателями, которые останутся недовольны таким резким окончанием, и скорее ставит точку.

СПИСОК

www.ingramcontent.com/pod-product-compliance
Lightning Source LLC
Chambersburg PA
CBHW020656260626
47157CB00008B/3057